essentials

essentials liefern aktuelles Wissen in konzentrierter Form. Die Essenz dessen, worauf es als „State-of-the-Art" in der gegenwärtigen Fachdiskussion oder in der Praxis ankommt. *essentials* informieren schnell, unkompliziert und verständlich

- als Einführung in ein aktuelles Thema aus Ihrem Fachgebiet
- als Einstieg in ein für Sie noch unbekanntes Themenfeld
- als Einblick, um zum Thema mitreden zu können.

Die Bücher in elektronischer und gedruckter Form bringen das Expertenwissen von Springer-Fachautoren kompakt zur Darstellung. Sie sind besonders für die Nutzung als eBook auf Tablet-PCs, eBook-Readern und Smartphones geeignet. *essentials:* Wissensbausteine aus den Wirtschafts-, Sozial- und Geisteswissenschaften, aus Technik und Naturwissenschaften sowie aus Medizin, Psychologie und Gesundheitsberufen. Von renommierten Autoren aller Springer-Verlagsmarken.

Weitere Bände in der Reihe http://www.springer.com/series/13088

Urs Alter

Grundlagen der Kommunikation für Führungskräfte

Mitarbeitende informieren und Führungsgespräche erfolgreich durchführen

2. Auflage

Urs Alter
Zürich, Schweiz

ISSN 2197-6708   ISSN 2197-6716   (electronic)
essentials
ISBN 978-3-658-21679-5   ISBN 978-3-658-21680-1   (eBook)
https://doi.org/10.1007/978-3-658-21680-1

Die Deutsche Nationalbibliothek verzeichnet diese Publikation in der Deutschen Nationalbiblio-
grafie; detaillierte bibliografische Daten sind im Internet über http://dnb.d-nb.de abrufbar.

Gedruckt auf säurefreiem und chlorfrei gebleichtem Papier

Springer ist ein Imprint der eingetragenen Gesellschaft Springer Fachmedien Wiesbaden GmbH
und ist ein Teil von Springer Nature
Die Anschrift der Gesellschaft ist: Abraham-Lincoln-Str. 46, 65189 Wiesbaden, Germany

Was Sie in diesem *essential* finden können

- Einen schnellen und unkomplizierten Überblick zu all den Aspekten von Information und Kommunikation, die für Führungskräfte wichtig sind.
- Einfach dargestellte Theorien und Modelle zum Verständnis von Kommunikationsprozessen.
- Die Grundlagen für eine erfolgreiche Gesprächsführung mit Mitarbeitenden.
- Praktische Hinweise zu Gesprächskompetenzen wie aktiv zuhören, Fragen stellen, Empathie entwickeln, mit Gefühlen umgehen, Feedback geben, überzeugen können.
- Konkrete Leitlinien für die Durchführung typischer und häufiger Führungsgespräche.

Vorwort

Wer seine Kommunikation als Führungskraft reflektieren und verbessern möchte, hat die Qual der Wahl. Google bringt dem Suchenden mehr als 2.160.000 Ergebnisse, wer nur Literatur sucht, wird mit 407.000 Hinweisen bedient. Das ist fast eine Verdoppelung seit der 1. Auflage dieses *essentials* 2015. Für die Entwicklung der Kommunikationskompetenzen von Führungskräften ist also weiterhin gut gesorgt. Für die einzelne lesebereite Führungskraft stellt sich dabei umsomehr die Frage, wie sie am schnellsten und zeitsparsamsten fündig wird, wenn sie an Kommunikation interessiert ist. Soll sie eines der vielen Standardwerke über Kommunikation für Führungskräfte konsultieren, die Jahr für Jahr neu herauskommen oder neu aufgelegt werden, oder soll sie im Handbuch angewandter Psychologie für Führungskräfte (Lippmann et al. 2018) nachschlagen? Beide Male wird sie mit vielen hundert Seiten und vielen verschiedenen thematischen Aspekten überhäuft. Die aktualisierte Auflage eines *essentials* zur Kommunikation für Führungskräfte drängte sich bei der anwachsenden Fülle von Literaturhinweisen geradezu auf. Das vorliegende *essential* will schnell, unkompliziert und verständlich über all jene Aspekte informieren, die für Führungskräfte in der Kommunikation mit Mitarbeitenden wichtig sind. Die rigide Reduktion auf das Wesentliche ist dabei für die Verbesserung der eigenen Kompetenzen kein Nachteil. Kommunikationskompetenzen werden weniger durch breites Wissen als vielmehr durch Anwenden und reflektierte Erfahrungen verbessert. Mit diesem Essential will der Autor dazu die notwendigsten wissensmäßigen Grundlagen vermitteln.

März 2018   Urs Alter

Inhaltsverzeichnis

Einleitung

1

Wir leben in einer Zeit, in der Kommunikation zum alles bestimmenden Faktor im Leben geworden ist. Wir kommunizieren dank moderner Informationstechnologien überall und jederzeit, mit wem wir wollen. Wir kommunizieren zwar mehr, doch kommunizieren wir auch besser? Für Führungskräfte ist es wichtig, besser zu kommunizieren, denn der Erfolg ihrer Führungstätigkeit ist aufs Engste mit Kommunikation verbunden. Dabei spielt das Gespräch mit den Mitarbeitenden die wichtigste Rolle, denn ohne die Mitarbeitenden läuft nichts.

Grundlegend in der Kommunikation ist immer das Verstehen, nur wer verstanden hat, kann auch richtig handeln. Wir stellen deshalb an den Beginn dieses Essentials einige theoretische Überlegungen und Modelle zur Kommunikation, auf denen der überaus komplexe Prozess der Kommunikation basiert. Den Schwerpunkt legen wir dabei auf die Praxis. Einerseits wird die Tätigkeit des Informierens als eine zentrale Führungsaufgabe in ihrer alltäglichen Bedeutung dargestellt, andererseits werden die kommunikativen Grundlagen für eine erfolgreiche Gesprächsführung mit Mitarbeitenden vermittelt. Schließlich werden konkrete Hinweise für das Vorgehen bei typischen Führungsgesprächen gegeben. Nicht thematisiert werden Gespräche in Gruppensituationen.

© Springer Fachmedien Wiesbaden GmbH, ein Teil von Springer Nature 2018   1
U. Alter, *Grundlagen der Kommunikation für Führungskräfte,* essentials,
https://doi.org/10.1007/978-3-658-21680-1_1

Kommunikation verstehen

2

2.1 Information und Kommunikation

Kommunikation ist das elementare Mittel zur Verständigung zwischen Menschen. Sie dient der Übertragung von Information. Zum Zustandekommen von Kommunikation sind mindestens zwei Personen notwendig, die man in Anlehnung an das Informationsmodell aus der Elektrotechnik als Sender und Empfänger[1] bezeichnen kann. A sendet eine Information (Nachricht, Mitteilung) aus, B empfängt und entschlüsselt sie. Diesen Vorgang nennt man in einem engeren Sinn Information/Informieren oder auch *Ein-Weg-Kommunikation*. Information ist dabei der Inhalt der Kommunikation. Die Schwäche dieses Vorgangs liegt auf der Hand: Der Sender ist nie sicher, ob der Empfänger die Nachricht auch richtig verstanden hat, denn der Empfänger gibt keine sofortige Rückmeldung, die zur Klärung führen könnte.

Reagiert B auf die Information des Senders, wird B selbst zum Sender und der Sender A zum Empfänger. B fragt zum Beispiel nach, d. h., er gibt eine Rückmeldung, ein Feedback. Es entsteht dann eine Wechselbeziehung, ein Prozess des Informationsaustauschs. Erst diese Wechselbeziehung bezeichnet man im engeren Sinn als Kommunikation oder genauer als *Zwei-Weg-Kommunikation* (Abb. 2.1).

---

[1]Der Lesbarkeit halber wird in diesem Essential auf eine korrekte Doppelung der männlichen und weiblichen Form verzichtet.

© Springer Fachmedien Wiesbaden GmbH, ein Teil von Springer Nature 2018
U. Alter, *Grundlagen der Kommunikation für Führungskräfte*, essentials,
https://doi.org/10.1007/978-3-658-21680-1_2

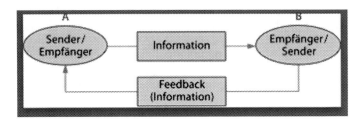

Abb. 2.1 Ein-Weg- (= Information) und Zwei-Weg-Kommunikation (= Kommunikation)

Information und Kommunikation sind eng miteinander verbunden. Für die Praxis der Führung ist eine strikte Trennung dieser beiden Begriffe weder sinnvoll noch notwendig. Dabei ist die Zwei-Weg-Kommunikation der Ein-Weg-Kommunikation, also dem „reinen" Informieren, überlegen, denn nur in der Zwei-Weg-Kommunikation kann das Verstehen überprüft werden. Etwas richtig verstehen ist jedoch zentral in der betrieblichen Kommunikation, geht es doch letztlich dabei immer um richtiges Handeln aufgrund von Informationen.

2.2   Mittel der Kommunikation

Wir haben im direkten zwischenmenschlichen Kontakt drei Kommunikationsmittel zur Verfügung. Das „Was" der Kommunikation, das durch die Sprache ausgedrückt wird, ist immer begleitet von einem „Wie", das körpersprachlich und sprecherisch ausgedrückt wird (Abb. 2.2). Auch wenn wir mit der Sprache nichts sagen – wenn wir körperlich anwesend sind, teilen wir trotzdem etwas mit. In einer zwischenmenschlichen Beziehung ist es somit *unmöglich, nicht zu kommunizieren*. Stellen Sie sich zum Beispiel vor, Sie kommen zu einer Gruppe von Leuten, die in einem angeregten Gespräch miteinander sind. Mit Ihrem Erscheinen verstummen alle auf einmal und schauen zu Boden. Das ist auch eine Mitteilung, die in Bezug auf ihre Bedeutung allerdings entschlüsselt werden muss und nur durch ein Feedback (klärende Rückfrage) verifiziert werden kann.

Irritationen treten dann auf, wenn die drei Verhaltensweisen nicht kongruent sind, also wenn etwa der körpersprachliche Ausdruck (z. B. Abwendung) dem widerspricht, was sprachlich gesagt wird (z. B. Zustimmung). Wenn Sie den Gehalt von Mitteilungen in seiner ganzen Bedeutung erfassen wollen, müssen Sie immer auf alle drei Verhaltensweisen achten.

Sprachliches Verhalten (verbal)	Körpersprachliches Verhalten (nonverbal)	Sprecherisches Verhalten (prosodisch)
Wörter Sätze Verknüpfungen Struktur Argumente Fakten Beispiele Bilder	Mimik Gestik Körperhaltung Blickkontakt	Lautstärke Betonungen Stimmhöhe und -führung Tempo Pausen Artikulation Atmung

Abb. 2.2 Mittel der Kommunikation

2.3 Inhalts- und Beziehungsaspekt der Kommunikation

Für das Verstehen von Kommunikationsprozessen sind die Arbeiten der Palo-Alto-Forschungsgruppe um Paul Watzlawick in den 50er und 60er Jahren von grundlegender Bedeutung. Watzlawick et al. (1969) beschäftigten sich als erste wissenschaftlich mit Ausdrucksformen menschlicher Kommunikation. Sie gingen bei ihrer Kommunikationstheorie von fünf *Axiomen* aus (Axiome sind Grundannahmen, die nicht bewiesen werden müssen). Diese Axiome haben Forschung und Praxis zur Kommunikation stark beeinflusst. Ihr erstes Axiom stand bereits im vorhergehenden Kapitel im Zentrum: *Man kann nicht nicht kommunizieren*, Handeln und Nichthandeln, Schweigen und Worte – alles hat einen Mitteilungscharakter. Das zweite Axiom lautet: *Jede Kommunikation hat einen Inhalts- und einen Beziehungsaspekt, derart, dass Letzterer den Ersteren bestimmt und daher eine Metakommunikation ist.* Damit ist gesagt, dass Kommunikation im Wesentlichen eben nicht einfach sachliche Informationsvermittlung ist, sondern vielmehr eine Mitteilung über unsere Beziehung zum Empfänger. Dieser Beziehungsaspekt bestimmt, wie der Inhalt einer Mitteilung zu verstehen ist.

Dieses zweite Axiom geht davon aus, dass sich Kommunikation auf zwei Ebenen abspielt: Das sprachliche Verhalten bestimmt den Inhaltsaspekt, das körpersprachliche und das sprecherische Verhalten den Beziehungsaspekt. Wenn ich am Mittagstisch barsch sage: „Gib mir Salz", so teile ich meinem Gegenüber einerseits (wörtlich auf der Inhaltsebene) mit, dass ich Salz möchte, gleichzeitig sage ich aber auch (sprecherisch, evtl. auch körpersprachlich) etwas über meine momentane Gefühlslage aus:

- **Inhaltsaspekt** (Sachinhalt)
  Die Speise hat zu wenig Salz.
- **Beziehungsaspekt** (Gefühlsinhalt)
  Ich bin verärgert.

Schulz von Thun (2003) hat diese Aspekte ergänzt und von den *vier Seiten einer Mitteilung* gesprochen. Wenn wir das Beispiel mit dem Salz genau entschlüsseln, können wir in der Mitteilung („Gib mir Salz") nämlich vier Botschaften erkennen:

- **Selbstkundgabe:** Was ich von mir selbst kundgebe
  Ich bin verärgert.
- **Sachinhalt**: Was ich in Bezug auf die Sache mitteile, worüber ich informiere
  Die Speise hat zu wenig Salz.
- **Beziehung**: Was ich vom Gegenüber halte und wie wir zueinander stehen
  Ich halte nicht viel von deinen Kochkünsten.
- **Appell:** Wozu ich das Gegenüber veranlassen möchte
  Gib mir Salz.

Ich kann also als Sender einer Mitteilung auf vierfache Weise wirksam sein und als Empfänger mit vier Ohren hören. Doch von grundlegender Bedeutung sind dabei die Unterscheidung von Inhaltsaspekt (Sachinhalt und Appell) und Beziehungsaspekt (Selbstkundgabe und Beziehung). Kommunikation ist dann gut, wenn für Sender und Empfänger sowohl der Inhaltsaspekt wie der Beziehungsaspekt eindeutig und klar sind. Dies ist jedoch nicht selbstverständlich. Auf der Inhaltsebene haben nicht alle Wörter für Sender und Empfänger die gleiche Bedeutung, nicht alles wird gehört, was gesagt wird. Auf der Beziehungsebene ist es u. a. deshalb schwierig, weil nonverbale Signale mehrdeutig sind. Tränen können z. B. Freude, aber auch Trauer ausdrücken.

2.4   Die Rolle der Wahrnehmung

Kommunikation dient der Übertragung von Information. Diese wird beim Empfänger durch seine Wahrnehmung gefiltert. Dieser *Wahrnehmungsfilter* hat eine Selektionsfunktion: Er schützt den Empfänger einerseits davor, mit Informationen überlastet zu werden, andererseits hilft er, Informationen zu beurteilen, indem diese eingeordnet und zu Erfahrungen, Wissen und eigenen Werten in Beziehung gesetzt werden. Dies gibt die notwendige Orientierung, um zu handeln. Dabei beeinflussen folgende Tendenzen den Kommunikationsprozess:

- **Wahrnehmung ist immer selektiv**
  Wir können nie alle Informationen aufnehmen. Wir sind immer gezwungen auszuwählen, sonst würde unser Wahrnehmungsapparat zusammenbrechen. Wir wählen dabei in erster Linie das aus, was in unser persönliches Konzept passt und unsere Vorurteile, Wertvorstellungen und Erfahrungen bestätigt.
- **Wahrnehmung ist immer projektiv**
  Informationen sind oft nicht eindeutig. Wir sind deshalb gezwungen, mit unserem Wissen, unseren Erfahrungen und unseren Vorurteilen das zu ergänzen, was wir nicht verstehen. Wir projizieren also etwas in das Wahrgenommene hinein, so dass dies für uns Sinn macht. Viele Gerüchte sind z. B. mit dieser Tendenz zur projektiven Wahrnehmung zu erklären.
- **Wir nehmen wahr und bewerten gleichzeitig**
  Wahrnehmungen sind konkrete Beobachtungen mit den fünf Sinnen. Gleichzeitig sind wir gezwungen, diese Beobachtungen zu bewerten, denn wir müssen Informationen einordnen können, wenn sie uns helfen sollen, das Leben zu meistern. Beobachten und Bewerten vermischen sich dadurch und hindern uns am achtsamen und genauen Wahrnehmen.
- **Wir fällen für uns stimmige Urteile und vermeiden so kognitive Dissonanzen**
  Wir neigen dazu, Urteile so zu fällen, dass sie unseren Erwartungen, Erfahrungen, bisherigen Erklärungsmustern und damit unserem Welt- und Menschenbild entsprechen. Wir vermeiden so, dass unliebsame Wahrnehmungen unsere mentalen Konzepte in Frage stellen. Kriminelles Verhalten von Freunden wird dann z. B. bagatelisiert, denn damit kann man weiterhin gut leben.

Missverständnisse in der Kommunikation haben viel mit unseren Möglichkeiten der Wahrnehmung zu tun. Führungskräfte sind oft in Kommunikationssituationen, wo sie Entscheidungen treffen, Mitarbeitende beurteilen und Macht ausüben. Sie sind speziell herausgefordert, mit den Schwierigkeiten in der Wahrnehmung umzugehen. Der Schlüssel zu guter Kommunikation liegt in der Schulung der Wahrnehmung.

2.5   Die Funktion von Feedback

Im Sender-Empfänger-Modell zum Verständnis von Kommunikation haben wir von Feedback im Sinn von Rückmeldung einer Information gesprochen. Im heutigen Sprachgebrauch ist Feedback zu einem Modewort geworden, das für jegliche Form einer Rückmeldung verwendet wird: Loben und Kritisieren im Mitarbeitendengespräch, Online-Bewertung einer Dienstleistung, etwas über eigenes Erleben mitteilen, einen Telefonanruf beantworten etc. Doch im theoretischen Kontext von Kommunikation ist der Begriff enger gefasst:

- **Unter Feedback werden Rückmeldungen über die subjektive Wahrnehmung und Beurteilung einer Handlung an die handelnde Person verstanden.**

Diese Begriffsdefinition macht klar, welche eminente Bedeutung Feedback in der Kommunikation hat:

- **Feedback ist ein Grundmechanismus im Lernen des Menschen.**

Feedback gibt einem Informationen über die erwünschten und unerwünschten Effekte des eigenen Handelns. Ohne das Feedback von anderen gibt es kein Lernen über sich und keine Entwicklung. In menschlichen Beziehungen dient Feedback dazu, den sogenannten „blinden Fleck" zu verkleinern, also jenen Teil unserer Außenwirkung, den wir selber nicht wahrnehmen können. Dieser Aspekt des blinden Flecks und die Funktion von Feedback illustriert das Johari-Fenster (Abb. 2.3), so benannt nach den Autoren Joseph Luft und Harry Ingham (1955).
   Die Funktion von Feedback kann mit Hilfe des Johari-Fensters folgendermaßen erklärt werden: Stellen Sie sich eine typische Cocktail-Party-Situation vor.

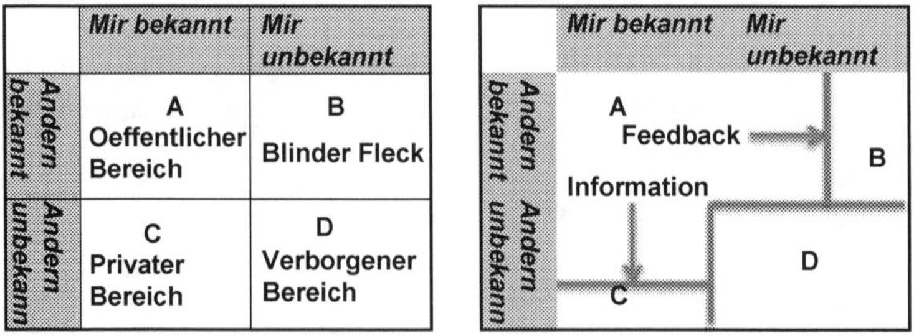

Abb. 2.3 Johari-Fenster und Wirkung von Information und Feedback

Man kennt Sie noch kaum (kleiner öffentlicher Bereich A). Sie kennen noch niemanden und wissen nicht, was die anderen über Sie denken und wie Sie gesehen werden („blinder Fleck" Bereich B). Sie wissen auch nicht, wieviel Sie aus dem privaten Bereich C in dieser Gesellschaft preisgeben sollen. Da es das natürliche Verlangen des Menschen ist, in einer ungewohnten Umgebung Sicherheit und Wohlbefinden durch Kontaktaufnahme zu erlangen, müssen Sie Ihren Bereich der „öffentlichen Person" (A) vergrößern, indem Sie sich vorstellen und Fragen stellen. Der private Bereich C wird dadurch verkleinert. Die Gesprächspartner kennen einander nun etwas besser und trauen sich jetzt auch eher, einander Rückmeldungen über eigene Wahrnehmungen des Gegenübers – ein Feedback – zu geben. Dadurch erfahren Sie vielleicht etwas, das Ihnen bisher noch nicht bewusst war, also etwas aus dem Bereich des „blinden Flecks", womit sich der Bereich B verkleinert und der Bereich A wiederum größer wird (s. Abb. 2.3). Ein großer A-Bereich bedeutet, einen größeren Handlungsspielraum zu haben und freier im sozialen Umgang zu werden. Mit dem Bereich D ist gemeint, dass es immer Informationen gibt, die weder einem selber noch anderen bekannt sind.

Die eminente Bedeutung von Feedback in der Führung liegt auf der Hand: Ohne Feedback können sich weder Mitarbeitende noch Führungskräfte verbessern und weiterentwickeln.

2.6   Entscheidende Ärgernisse

Missverständnisse in der Kommunikation können sowohl durch den Sender als auch durch den Empfänger bewirkt werden. Für Führungskräfte stellt sich dabei die Frage: Wie sage ich, was ich meine so, dass der/die andere es hört und versteht, damit er/sie handeln kann? Dabei muss man sich im Ablauf der Kommunikation folgender Diskrepanzen und damit möglicher Missverständnisse bewusst werden:

meinen	$\neq$	verstehen
sagen	$\neq$	hören
hören	$\neq$	verstehen
verstehen	$\neq$	zustimmen
zustimmen	$\neq$	handeln

Diese Abfolge führt zu Ärgernissen, die Führungskräfte verstehen müssen, wenn sie erfolgreich kommunizieren wollen:

- **Kommunikation ist immer nur so gut, wie sie beim Empfänger ankommt.** Der Empfänger muss mit den Informationen etwas anfangen können: z. B. sich orientieren, Klarheit gewinnen, sich eine eigene Meinung bilden, richtig handeln können. Über die Effektivität der Kommunikation entscheidet also nicht in erster Linie der Sender bzw. die Führungskraft, die Anweisungen geben darf.
- **Entscheidend ist immer, was man versteht, und nicht, was man sagt.** Der Empfänger kann nur richtig handeln, wenn er auch richtig verstanden hat. Es ist deshalb müßig, darauf zu bestehen, dass man etwas gesagt hat oder dass man recht hat. Wenn nicht verstanden wurde, was ich als Sender gesagt habe, hat die Kommunikation ihr Ziel verfehlt.

Konstruktiv mit diesen Ärgernissen umgehen heißt für Führungskräfte wahrnehmen und zuhören können im Gespräch. Dabei geht es um Wahrnehmungen bei sich selber und beim Gegenüber und um das Überprüfen dieser Wahrnehmungen mittels Feedback. Wahrnehmen und Zuhören sind somit im Gespräch mit Mitarbeitenden die grundlegendsten Kommunikationskompetenzen.

Informieren als zentrale Führungsaufgabe

3

Dieses Kapitel ist eine gekürzte Version von Alter et al. (2018, Kap. 14.1).

3.1 Information: ein individuelles und betriebswirtschaftliches Grundbedürfnis

Information ist zunächst einmal alles, was wir mit unseren Sinnen wahrnehmen können: Was wir sehen, hören, riechen, schmecken, fühlen können. Solange wir leben, können wir wahrnehmen – solange wir wahrnehmen, leben wir. In diesem Sinne besteht Leben auch zu einem großen Teil aus Übertragung von Information. Information ist damit ein *individuelles Grundbedürfnis*, das absolut notwendig ist zum Leben. Vier Aspekte machen dieses Grundbedürfnis aus:

- **Information befriedigt unsere Neugier**
  In unserer Kultur hat Neugier einen negativen Beigeschmack. Wir denken dabei an die Lust des Schlüsselloch-Guckens und vergessen dabei: Nur wer neugierig ist, kann auch lernen und überleben.
- **Information sichert unsere Existenz**
  Bei Naturvölkern hatten Informationen wie Rauchzeichen und Trommeln existenzsichernde Bedeutung. Sie warnten vor herannahenden Gefahren. Auch wir kennen die Bedeutung dieser Funktion: Denken wir z. B. an einen Atomunfall: Nur rasche und eindeutige Information sichert unser Überleben. Denken wir an weniger dramatische Situationen: Um nicht zu verhungern, müssen wir wissen, wo wir einkaufen können; um Arbeit zu finden, müssen wir wissen, wo suchen.

© Springer Fachmedien Wiesbaden GmbH, ein Teil von Springer Nature 2018
U. Alter, *Grundlagen der Kommunikation für Führungskräfte*, essentials,
https://doi.org/10.1007/978-3-658-21680-1_3

- **Information gibt uns Sicherheit und Orientierung**
  Wenn wir eine Arbeit gut machen wollen, müssen wir wissen, worauf es
  ankommt, d. h., wir suchen Sicherheit und Orientierung. Die Antworten auf
  die orientierenden Fragen „Wo? Warum? Wann? Weshalb? Wer? Wie viel?
  Wie lange?" helfen uns auch, einen Sinn in unseren Tätigkeiten und dem
  Dasein zu sehen. Informationen, die wir nicht einordnen können, sind deshalb
  sinnlos und verunsichern.
- **Information schafft Kontakt**
  Der Mensch ist ein soziales Wesen und verbringt einen Großteil seiner Zeit in
  Gruppen. Informationen ermöglichen Kontakt, und über Kontakt erhalten wir
  Informationen. Wir sind darauf angewiesen zu wissen, mit wem wir es zu tun
  haben, mit wem wir zusammensein können, was wir erwarten dürfen und was
  andere von uns erwarten.

In einer Organisation (Unternehmen) decken Informationen neben diesen individuellen Bedürfnissen auch *betriebswirtschaftliche Grundbedürfnisse* ab, damit
das System funktionieren kann. Die Organisation muss im Hinblick auf Zielerreichung, Zweck, Aufgabenerfüllung gesteuert werden. Dazu bedarf es interner
Informationen (z. B. Arbeitsauslastung, Kostenfaktoren, Qualitätsansprüche) und
externer Informationen (z. B. Marktsituation, Konjunkturlage, Rechtsordnung) für
die Planung, Ausführung und Koordination der Zusammenarbeit. Ziel dieser Informationen ist das kompetente und situationsgerechte Handeln im Hinblick auf die
Aufgabenerfüllung und Zielerreichung. Es genügt jedoch nicht, auf der betriebswirtschaftlichen, „rationalen" Ebene eine möglichst lückenlose Information zu
garantieren (z. B. durch klare Abläufe). Auch die psychologisch und existenziell
begründeten individuellen Informationsbedürfnisse müssen berücksichtigt werden.
Nur informierte Mitarbeitende sind motivierte Mitarbeitende, nur wer informiert
ist, kann auch mitdenken und Eigenverantwortung übernehmen.

3.2   Ohne Information läuft nichts

Führungstätigkeiten wie Ziele setzen, planen, entscheiden, realisieren und kont-
rollieren sind informationsabhängig. Information und Kommunikation stehen im
Zentrum des Führungskreislaufs (Abb. 3.1) und sind im Arbeitsprozess unabding-
bar. Sie bestimmen Aufgabenverständnis und Unternehmenskultur.

Offenbar kann diese Aufgabe nie gut genug bewältigt werden. In vielen Untersuchungen zur Unternehmenskultur oder zum Betriebsklima wird die Information
als verbesserungswürdig, wenn nicht gar problematisch bezeichnet. Dies liegt

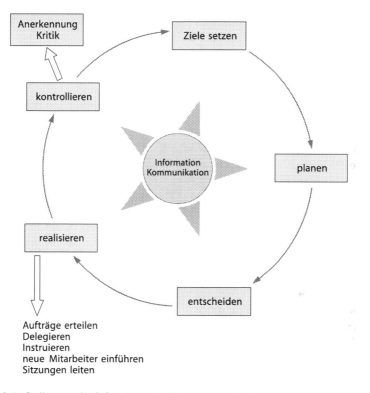

Abb. 3.1 Stellenwert des Informierens im Führungskreislauf

in der Natur der Sache: Vom individuellen Informationsbedürfnis her betrachtet, kann man nie genügend und zu viel informieren. Vom betriebswirtschaftlichen Bedürfnis her gibt es Zwänge zur Zurückhaltung (z. B. wegen Konkurrenten oder unkontrollierbaren Auswirkungen auf Mitarbeitende). Diese Problematik zeigt sich bei der Unterscheidung zwischen Ergebnis- und Prozessinformationen:

- **Ergebnisinformationen**
  Hier geht es um die Mitteilung von Entscheidungen und Verbindlichkeiten darüber, was in der Organisation handlungsrelevant ist, das „need to know".
- **Prozessinformationen**
  Hier geht es um Informationen über Entwicklungen, Beabsichtigtes, Geplantes, Bevorstehendes, das „nice to know".

In Organisationen ist in der Regel ein *Mangel an Prozess- und ein Überfluss an Ergebnisinformationen* vorhanden. Führungskräfte tun sich mit Prozessinformationen schwer. Dies hat neben Organisationsinteressen auch mit ihren persönlichen Interessen zu tun. Informieren heißt auch Macht abgeben und Wissen mit anderen teilen. Wenn sich Mitarbeitende mit ihrer Organisation und ihrer Aufgabe identifizieren sollen, brauchen sie jedoch Prozessinformationen, denn solche Informationen *schaffen in erster Linie Vertrauen.* In der Art und Weise des Informierens wird auch die gelebte (und nicht aufgeschriebene!) Informationspolitik des Unternehmens sichtbar, und es wird das Führungskonzept des einzelnen Vorgesetzten transparent. *Zeig mir, wie du informierst – und ich sage dir, wie du führst!* Folgende Schlüsselfragen illustrieren dies:

• Wird immer erst dann informiert, wenn gefragt wird und unter Druck?
• Werden bei schwierigen Entscheidungen die wirklichen Gründe auf den Tisch gelegt?
• Erhalten die Mitarbeitenden die Informationen von den Verantwortlichen oder erfahren sie diese auf einem dritten Weg über die Medien oder von Kollegen?
• Erhalten alle Betroffenen die für sie relevanten Informationen?

3.3   Bringpflicht und Holschuld gilt für alle

Es genügt nicht, wenn Vorgesetzte ihrer Pflicht nachkommen und die Aufgabe des Informierens sehr ernst nehmen. Dies garantiert noch nicht, dass alle relevanten und notwendigen Informationen bis zu den vorgesehenen Empfängern gelangen. Auch die besten Vorgesetzten können immer wieder etwas vergessen, sie wissen nicht immer, welche Informationen ihre Mitarbeitenden, ihre Kollegen oder die Geschäftsleitung brauchen. Wer Informationen vermisst, soll sich deshalb nicht einfach darüber beklagen, sondern sich die fehlende Information selber holen. Vielfach wissen nämlich die Betroffenen sehr wohl, welche Informationen ihnen noch fehlen. Es ist ihre Verantwortung, diese Informationen zu beschaffen. Das Grundprinzip der Bringpflicht und der Holschuld gilt nicht nur für Führungskräfte, sondern für alle Mitarbeitenden. Informationen zu erhalten und sie zu geben, ist in vielen Sachfunktionen ebenfalls eine zentrale Tätigkeit. Wer Verantwortung wahrnehmen will und Selbstständigkeit und Freiraum in seiner Tätigkeit beansprucht, kann sich nicht auf das Recht verlassen, informiert zu werden, sondern er muss selbst aktiv werden, wenn notwendige Informationen fehlen.

3.4 Schlechte Informationstätigkeit beschädigt Vertrauen

Informationen müssen

* offen,
* wahr,
* rechtzeitig,
* zugänglich für alle Betroffenen,
* verständlich für die Betroffenen

sein. Wenn auch nur eine dieser Maximen verletzt wird, entsteht Misstrauen. Beispiele dafür lassen sich in vielen Bereichen finden: in der Familie, im Staat, im Unternehmen. Der Schaden ist dann auf lange Sicht irreparabel. Diese Bedingungen stellen hohe Anforderungen an Führungskräfte. Sie können diese Anforderungen nur erfüllen, wenn für sie Informieren *kein Informieren müssen*, sondern *ein Informieren wollen* ist. Vorgesetzte kommen leicht in Versuchung, Informationen nur einem „Kreis von Auserwählten" weiterzugegeben, oder unangenehme Informationen werden hinausgezögert, beschönigt oder unverständlich gemacht. Die Folgen können verheerend sein: Misstrauen, Vermutungen und *Gerüchte* entstehen. Ihnen kann dann nur wirksam begegnet werden, wenn sofort offen und für alle Betroffenen zugänglich informiert wird. Übrigbleiben wird aber doch ein schaler Nachgeschmack.

Die richtige Aufnahme der Information hängt wesentlich davon ab, in welchem Vertrauensverhältnis Informierende (Sender) und Informierte (Empfänger) zueinander stehen. Die gewünschte Auswirkung einer Information (situationsgerechtes Handeln) setzt voraus, dass Mitarbeitende Mitteilungen ihrer Vorgesetzten akzeptieren können. Bestehen Spannungen und Misstrauen, so sind Mitarbeitende versucht, den Informationsgehalt durch subjektive Interpretation zu verändern oder abzuwerten:

* „Die sollen doch erzählen, was sie wollen …"
* „Die wissen ja gar nicht, wie das bei der praktischen Arbeit zugeht…"
* „Alles schön gesagt, in Wahrheit meinen sie es anders …"

Solche Äußerungen sind Alarmzeichen. Sie deuten auf eine vergiftete Atmosphäre und auf eine Misstrauenskultur hin, die den mittel- und längerfristigen Erfolg eines Unternehmens gefährden. Deshalb sind Forderungen nach Offenheit und Wahrheit nicht nur ethisch begründet, denn eine gute Informationskultur fördert den Unternehmenserfolg.

3.5   Informationswege

Wir unterscheiden zwei Arten von Informationswegen:

A: Formelle innerbetriebliche Informationswege
Der innerbetriebliche Informationsfluss erfolgt nach traditionellem Organisationsverständnis auf dem Dienstweg und über organisierte Informationskanäle (= formell). Das gilt für horizontale Informationswege ebenso wie für die vertikalen. Die beiden *vertikalen Informationswege* sind von gleicher Bedeutung:

- von oben nach unten (z. B. Entscheidungen, Aufträge, Weisungen etc.),
- von unten nach oben (z. B. Fragen, Vorschläge, Rapporte etc.).

Die Möglichkeit, Stellen zu überspringen, sollte grundsätzlich bestehen. Dann ist aber eine sofortige Nachinformation der übersprungenen Stelle eine unbedingte Pflicht. Sonst besteht stets die Gefahr, dass Informationen nicht mehr zielorientiert gegeben werden und Misstrauen entsteht.

Für eine effiziente Arbeit, einen optimalen Arbeitsablauf und ein reibungsloses Teamwork sind *horizontale Informationswege* ebenso wichtig:

- das Weiterleiten der Informationen zwischen hierarchisch Gleichgestellten,
- die „schrägen" Querverbindungen des Informationsflusses zwischen hierarchisch nicht Gleichgestellten aus z. B. verschiedenen Abteilungen, Arbeitsgruppen, Projektgruppen.

Dies gilt für alle Stellen, deren Aufgaben sich berühren und die Hand in Hand arbeiten müssen. Mit Horizontal- und Querverbindungen wird der Vorgesetzte von reinen „Briefträgerfunktionen" entlastet, und es werden Zeitverluste und doppelter Aufwand vermieden

Horizontale Informationswege waren schon immer wichtig (Matrixorganisationen, teilautonome Gruppen und Projektorganisationen können ohne diese Wege nicht funktionieren). Mit der Globalisierung haben sie jedoch an Bedeutung zugenommen. In Organisationen, die flexibel auf Veränderungen reagieren müssen, sind solche Informationswege überlebenswichtig.

B: Informelle innerbetriebliche Informationswege
In flexiblen Organisationen würde eine starke Formalisierung von Informationswegen die Flexibilität beinträchtigen. Deshalb wird in großen Organisationen daran gearbeitet, dass Mitarbeitende sich eigene Netzwerke aufbauen, *Networking* ist zu einer Kernkompetenz in solchen Unternehmen geworden. Damit aber setzt

man bewusst auf informelle innerbetriebliche Informationswege und legitimiert sie. Was in kleineren Unternehmen schon immer genutzt wurde (z. B. Kaffeegespräche, Beziehungen knüpfen und spielen lassen) und in größeren Unternehmen oft im Versteckten stattfand und als problematisch angesehen wurde, wird heute mit Recht als Stärke einer Informationskultur angesehen. Allerdings muss hier festgehalten werden, was schon immer galt: Informelle Informationswege entfalten dann ihre Stärken für ein Unternehmen, wenn alle Beteiligten miteinander in einer *Atmosphäre gegenseitigen Vertrauens* arbeiten. Mit anderen Worten: Solange die Vorgesetzten jeder Stufe darauf bedacht sind, die Informationen offen und in ausreichendem Maße zu geben, entgegenzunehmen und weiterzuleiten, wirken sich informelle Informationen und Netzwerke positiv aus.

3.6   Informationsmittel

Die Informationstechnologie bestimmt die dominierenden Informationsmittel im betrieblichen Alltag: Internet, Intranet, Social Medias, E-Mails und Kurzmitteilungen über SMS oder Twitter per Mobiltelefon. Der Nutzen dieser digitalen Mittel gegenüber anderen Kanälen liegt auf der Hand: Sie sind billiger und schneller als Briefe und Besprechungen, weniger lästig als Telefonate und weniger aufdringlich als Faxe; Ort oder Zeitzone, in der man sich befindet, spielen keine Rolle mehr. Erst diese neuen Informationstechnologien ermöglichten den Aufbau flexibler Organisationen. Es besteht kein Zweifel, dass diese Informationsmittel an Bedeutung noch zunehmen werden. Allerdings gibt es auch *Nachteile bei den digitalen Informationsmitteln:*[1]

- Die ständig wachsende Zahl von E-Mails und die damit verbundene *Überflutung* mit Informationen behindern effiziente Abläufe in Unternehmen und führen zu langen Wartezeiten auf Antworten.
- Es besteht Grund zu der Annahme, dass das *Konfliktpotential* in Unternehmen durch E-Mails und Social medias zunimmt, weil Konflikte nicht mehr im direkten Kontakt miteinander gelöst werden. Es ist leichter, seine Unzufriedenheit in ein paar Sätzen schnell zu deponieren, diese noch mit cc in Kopie anderen bekannt zu machen und dann nach Hause zu gehen, als sich persönlich mit einem Gegenüber auseinanderzusetzen. Dadurch wird ein Konflikt jedoch nur vertagt, und er eskaliert.

---

[1]In Kap. 14.1.10 in Alter et al. (2018) wird ausführlich auf die Problematik der digitalen Informationsmittel eingegangen.

Es gibt bereits Organisationen, die mit Radikalmaßnahmen gegen diese Schattenseiten vorgehen. Dazu gehören Abstinenztage (keine internen E-Mails an einem bestimmten Wochentag, sondern direkte Kommunikation), beantworten von Kunden-Mails nur per Post oder per Telefon und verbindliche Regeln für den Gebrauch von E-Mails und Social Medias. Führungskräfte müssen mit ihren Mitarbeitenden eine *Informationskultur aufbauen,* die neben Effizienz auch Offenheit und Vertrauen fördert.

Die zunehmende Verbreitung der digitalen Informationsvermittlung hat auch nicht dazu geführt, dass die schon seit langem gebräuchlichen Informationsmittel überflüssig wurden. Ein Mailing, eine SMS oder eine Social-Media-Nachricht kann ebenso missverständlich sein wie eine Aktennotiz und ersetzt ein Gespräch nicht. Mit den digitalen Technologien können Informationen zwar schneller übermittelt werden, doch das Bedürfnis nach menschlichem Kontakt, das mit Information verbunden ist, ist damit nicht befriedigt. Deshalb werden *auch in Zukunft „altmodische" Informationsmittel von wesentlicher Bedeutung* sein:

- Einzel- und Gruppengespräche,
- Telefonate,
- Sitzungen und Konferenzen,
- Einführungskurse (in der Live-Situation und nicht am Intranet),
- Ausbildungskurse (und nicht datenbasiertes Lernen),
- Referate und Vorträge (live und nicht nur übers Internet oder auf DVD).

Persönliche Gespräche sind in ihrer Effektivität anderen Informationsmitteln wegen des unmittelbaren physischen Kontakts immer überlegen. Im Gespräch können Missverständnisse leichter und schneller korrigiert und fehlende Informationen sofort ergänzt werden. Überzeugungsarbeit der Führungskräfte geschieht denn auch hauptsächlich durch persönlichen Kontakt. Diese Vorteile von unmittelbaren Beziehungen zwischen Menschen hinsichtlich des Einanderverstehens werden auch mit den simultanen interaktiven Möglichkeiten der neuen Technologien nicht erreicht. Paraverbale und nonverbale Signale, die für das genaue Verstehen von Informationen ebenso notwendig sind wie die sachbezogenen Aspekte, werden am Bildschirm oder auf dem Display anders und weniger wahrgenommen. Auch Emojis, Smileys, Emoticons, Symbole und Cartoons können diese Signale in elektronischen Dokumenten nicht ersetzen.

3.7 Trügerische Entlastung durch Kommunikationsabteilungen

In den letzten Jahren wurde in Unternehmen der Bereich der Kommunikation ausgebaut. Kommunikationsabteilungen beschäftigen sich heute nicht nur mit der *externen Kommunikation* (PR-Aufgaben), sondern auch mit der *internen Kommunikation*. Sie bewirtschaften das Intranet und die Anschlagbretter, geben Firmenzeitschriften heraus, versenden Briefe an die Belegschaft, forcieren Mitarbeitenden-Befragungen, nehmen Einfluss auf die Durchführung von Veränderungsprojekten, lösen selber solche Projekte aus wie z. B. die Einführung eines Ideenmanagements (als Weiterentwicklung des betrieblichen Vorschlagswesens). Dabei vertraut man auf den Reiz moderner Technologien und Marketingmethoden und vergisst, dass die Wirkung von Information und Kommunikation im betrieblichen Kontext eng mit der Beziehung zwischen Führungskräften und Mitarbeitenden verbunden ist. Eine noch so gut funktionierende Kommunikationsabteilung entbindet die Vorgesetzten in der Linie nicht von ihrer zentralen Führungsaufgabe des Informierens. Kommunikationsabteilungen können die Führungskräfte darin unterstützen. Der Aufbau einer glaubwürdigen Informationskultur steht und fällt mit der Art und Weise, wie Führungskräfte Informieren als Führungsaufgabe wahrnehmen und wie diese Informationstätigkeit übereinstimmt mit den Informationsstrategien der professionellen Kommunikatoren.

3.8 Informieren in Krisensituationen

Auch in Krisensituationen kann das Informieren nicht einfach an die interne Kommunikationsabteilung und an die Geschäftsleitung delegiert werden. In diesen Situationen (Unfälle, Störfälle, Produktfehler, Entlassungen, Angriffe durch die Medien etc.) sind immer auch die verantwortlichen Führungskräfte gefordert. Hinzu kommt, dass auch sie ihre abteilungsinternen Krisen haben und meistern müssen, die für die Spitze des Unternehmens wenig Bedeutung haben. Ob es sich um eine ausgewachsene Unternehmenskrise oder um ein internes Problem handelt, die Ziele des Informierens in solchen Situationen sind immer die gleichen: Es geht darum, zu beruhigen, Gerüchten zuvorzukommen, glaubwürdig zu sein,

Vertrauen aufzubauen. Solche Zielsetzungen werden erreicht, wenn folgende Leitsätze beachtet werden:

- **Informieren Sie als Führungskraft in Krisensituationen**
  - aktiv und nicht reaktiv,
  - rasch und kontinuierlich,
  - zuerst immer direkt Betroffene,
  - wahrhaftig und empathisch,
  - und verzichten Sie auf „no comment".
- **Informieren Sie konkret über**
  - Opfer,
  - Schaden,
  - Konsequenzen,
  - Sofortmaßnahmen,
  - Untersuchungen.

Grundlagen für die Gesprächsführung mit Mitarbeitenden

4

4.1 Wahrnehmen und Zuhören können

Die Qualität einer Führungskraft zeigt sich darin, dass sie im Gespräch mit Mitarbeitenden effektiv ist. Effektiv ist sie dann, wenn sie ihr Gesprächsziel erreicht. Ziel eines Führungsgesprächs ist letztlich immer die Auslösung des richtigen Handelns beim Mitarbeitenden. Doch dies ist nur möglich, wenn die Führungskraft verstanden wird und den Mitarbeitenden auch versteht. Die wesentliche Kompetenz, um ein gutes Gespräch zu führen, hat für eine Führungskraft deshalb mit wahrnehmen und zuhören können zu tun: Sie muss in der Lage sein, mit all ihren Sinnen wahrzunehmen, wie denn das ankommt, was sie vermitteln will, und sie muss es so vermitteln, dass es auch ankommt. Dies bedeutet, dass sie in Gesprächen Sachinhalte und Gefühlsinhalte (Kap. 2.3) wahrnimmt – *sowohl bei sich wie beim Gegenüber* – und sich auf der Sach- wie der Beziehungsebene klar und verständlich ausdrückt. Die in den folgenden Kapiteln beschriebenen Kommunikationskompetenzen ermöglichen die Bewusstheit all dieser Aspekte zum Erreichen eines Gesprächsziels (Abb. 4.1).

Gute und erfolgreiche Gespräche beginnen also mit diesem Wahrnehmen und Zuhören. Dazu einige Hinweise:

- Sie unterbrechen nicht, denn Sie können nicht zuhören, während Sie selber sprechen.
- Sie zeigen Interesse, sind ganz dabei.
- Sie sichern mit eigenen Worten ab, was Sie wahrgenommen haben.
- Sie stellen klärende Fragen, wenn Sie nicht verstanden haben.
- Sie achten bewusst auf alle Ausdrucksebenen, auf sprachliches, sprecherisches und körpersprachliches Verhalten

© Springer Fachmedien Wiesbaden GmbH, ein Teil von Springer Nature 2018   21
U. Alter, *Grundlagen der Kommunikation für Führungskräfte*, essentials,
https://doi.org/10.1007/978-3-658-21680-1_4

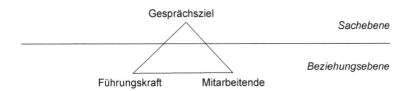

Abb. 4.1 Bewusstheit über Aspekte in Gesprächen mit Mitarbeitenden

- Sie versuchen die Dinge so zu sehen, wie Ihr Gegenüber sie sieht, und denken mit ihm und nicht über ihn.
- Sie achten auf Ihre eigenen Gefühle.

Wenn Sie auf diese Art in einem Gespräch dabei sind, nehmen Sie bewusst wahr, hören aktiv zu und zeigen Wertschätzung, die grundlegendsten Kommunikationskompetenzen für Gespräche.[1]

4.2   Aktiv zuhören

Wir hören in einem Gespräch aktiv zu, wenn wir uns bemühen, sowohl die Sachinhalte als auch die Beziehungsinhalte wahrzunehmen und zu verstehen und das Gehörte für die Lenkung des Gesprächs einzusetzen. Dabei unterscheiden wir zwei Grundfähigkeiten in der Gesprächsführung: Paraphrasieren und Verbalisieren (Abb. 4.2). Solch aufmerksames Dabeisein ist ansteckend und bewirkt auf der Gegenseite besseres Verstehen des eigenen Standpunkts und der Gefühle, denn man fühlt sich selber ernst genommen. Die Kommunikation wird dadurch erheblich erleichtert[2],

---

[1]Choprea (2012) thematisiert die hier genannten Kompetenzen ausführlich im Zusammenhang mit der Entwicklung von Leadership, Rosenberg (2016) im Zusammenhang mit Wahrnehmung, Gefühlen, Empathie und Macht.

[2]Thomas Gordon hat in seinem Standardwerk „Managerkonferenz" bereits 1977 auf die Bedeutung von aktivem Zuhören im betrieblichen Kontext aufmerksam gemacht. Das Buch wird noch immer aufgelegt und ist weiterhin lesenswert.

Abb. 4.2 Aktives Zuhören auf beiden Ebenen der Kommunikation

- **Paraphrasieren**
  Mit eigenen Worten das wiederholen, was der Gesprächspartner *inhaltlich gesagt* oder angedeutet hat, und sich damit vergewissern, ob man den *sachlichen Gehalt einer Aussage* des Gesprächspartners verstanden hat.
- **Verbalisieren**
  Mit eigenen Worten das wiederholen, *was emotional mit einer Aussage verknüpft*, angedeutet oder gesagt wurde, und sich damit vergewissern, ob man die *emotionale Bedeutung* einer Aussage oder den emotionalen Zustand des Gesprächspartners verstanden hat.

So kann z. B. in einem Gespräch Ihr Mitarbeiter sagen: „Ich bin nicht sicher, ob die Leute im Verkauf überhaupt wissen, was unsere Kunden wirklich wollen." Wenn Sie daran interessiert sind, Genaueres über diese Aussage zu erfahren, können Sie Ihren Gesprächspartner mit einer Paraphrase oder einer Verbalisierung anregen, mehr dazu zu sagen:

- „Sie glauben, dass unsere Verkäufer nicht immer auf die Bedürfnisse der Kunden eingehen?" (Paraphrasierung, die zur Verdeutlichung des Inhalts dient)
- „Sie befürchten, dass wir nicht die richtigen Leute im Verkauf haben?" (Verbalisierung der emotionalen Bedeutung der gemachten Aussage)

In beiden Fällen haben Sie Interesse daran, mehr zu der gemachten Aussage zu erfahren, weil aktives Zuhören dem Gesprächspartner signalisiert, dass man ihn wirklich verstehen will.

Wenn Sie in diesem Sinn ein Gespräch lenken möchten, können Sie folgende *Techniken des aktiven Zuhörens* einsetzen:

- Ich *begleite* durchs Gespräch
  - verbal: mhm, ja, aha, verstehe...,
  - nonverbal: Kopfnicken, zuneigen, zustimmende Mimik etc.
- Ich *paraphrasiere* durch
  - Wiederholen, Zusammenfassen mit anschließender Frage,
  - Umschreiben mit eigenen Worten,
  - Klären mit Kurzzusammenfassung: „Wenn ich Sie richtig verstehe...",
  - Verdeutlichen durch Zuspitzungen oder Übertreibungen,
  - interpretierende Nachfragen.
- Ich *verbalisiere* durch
  - Benennen der wahrgenommenen Gefühle: „Sind Sie jetzt...?" „Ich verstehe, dass Sie enttäuscht sind...".
  - Ausdrücken der eigenen Gefühle: „Wenn Sie das so sagen, löst das bei mir... aus."
- Ich *ergänze* mit eigenen Worten unvollständige Aussagen.
- Ich *frage nach*, um richtig zu verstehen.
- Ich *führe einen Gedanken weiter* und gebe *Denkanstöße*: „Sehen Sie noch andere Möglichkeiten?" „Wieso eigentlich nicht?"
- Ich *frage nach der Bedeutung*.
- Ich *setze zu früher Gesagtem in Beziehung*.
- Ich nehme *Schlüsselworte* auf.

> ⯈ Aktives Zuhören muss übereinstimmen mit der Grundhaltung: Ich nehme den Gesprächspartner ernst und versuche ihn wirklich zu verstehen. Sonst wird aktives Zuhören als Manipulation erlebt, die verstimmt!

4.3 Wertschätzung zeigen

Aktives Zuhören hat viel mit Wertschätzung zu tun. Wertschätzung erfahren ist ein wichtiges Grundbedürfnis von Menschen. Jeder Mensch hat das Bedürfnis, gehört, verstanden und geschätzt zu werden. Wenn sich eine Person in diesem

Sinn ausreichend anerkannt fühlt, steigt das Selbstwertgefühl, sie öffnet sich, hört besser zu und ist eher bereit zu kooperieren. Wertschätzung beschreibt jedoch nicht nur ein Grundbedürfnis und eine Haltung, sondern auch Handlungen, die sich in der Kommunikation zeigen. Wertschätzung zeigen wir durch:[3]

- **Standpunkt des Gegenübers verstehen wollen**
  Wertschätzung beginnt damit, dass wir uns bemühen zu verstehen, wie das Gegenüber die Sache sieht und warum das so ist. Während der Andere spricht, denken wir oft nur an das, was wir selber mitteilen wollen. Die vorher genannten Techniken des aktiven Zuhörens helfen uns, Wertschätzung in Gesprächen auszudrücken. Sie können sich bereits im Vorfeld eines Gesprächs in die Situation des Gegenübers hineinversetzen, um dessen Sichtweise zu verstehen. Erstellen Sie eine Liste von Fragen, die Sie als Zeichen der Wertschätzung im Gespräch einbringen wollen (z. B. „Helfen Sie mir zu verstehen, wie Sie die Sache sehen."... „Welche Punkte sind Ihnen in unserem Gespräch besonders wichtig?").
- **Wert der Gedanken, Gefühle und Handlungen des Gegenübers anerkennen**
  Was Ihr Gegenüber denkt, fühlt und tut, ist ebenso wertvoll wie Ihre eigenen Gedanken, Gefühle und Handlungen. Selbst wenn man mit einem Standpunkt nicht einverstanden ist, kann man die Gründe für diese Sichtweise anerkennen. Dahinter kann ebenso wie bei Ihnen eine tiefe Überzeugung oder eine durchdachte Argumentation stecken.
- **Mit Worten und Taten Anerkennung kommunizieren**
  Kommunizieren Sie diese Art der Wertschätzung ganz bewusst (z. B. „Ich verstehe Ihren Standpunkt, auch wenn ich ihn nicht teile."... „Ich verstehe Ihre Sorge."). Auch hier helfen Ihnen die Techniken des aktiven Zuhörens, indem Sie Gesagtes zurückspiegeln, Verstandenes überprüfen und damit zeigen, wie ernst Sie Ihr Gegenüber nehmen. Doch denken Sie daran: Sie können z. B. die Wertschätzung für eine Argumentation oder ein Gefühl nur zum Ausdruck bringen, wenn Sie darin auch tatsächlich einen Wert erkennen. Wertschätzung ohne Aufrichtigkeit ist manipulativ und zerstört eine gute Kommunikationsbasis.

---

[3]Die hier aufgelisteten Aspekte gehen von den Überlegungen von Fisher und Shapiro (2007, S. 39–72) aus.

4.4   Fragetechniken einsetzen

„Wer fragt, der führt" – dies vergessen Führungskräfte immer wieder. Häufig ist ihr Redeanteil in Mitarbeitendengesprächen viel größer als jener des Mitarbeitenden. Dabei steuern Fragen ein Gespräch in einem guten Sinn: Sie wirken öffnend, zeigen Interesse, werten den Gesprächspartner auf, fordern zu Lösungen und zu neuen Sichtweisen heraus. Führungskräfte müssen dabei lernen, mit Fragetypen viel bewusster umzugehen.[4] In Gesprächen bedeutet dies:

- **Offene Fragen**
  Darunter werden die sogenannten *W-Fragen* verstanden: *Wer, wie, wo, was, wann, wie viel, wie lang, wozu, weshalb, warum.* Offene Fragen werden in unserer Kultur viel weniger häufig als geschlossene Fragen verwendet. Dazu trägt vermutlich unser dualistisches Weltbild (es gibt ja und nein, gut und böse, oben und unten) und unser Effizienzdenken (offene Fragen ermöglichen einen weiten Antwortspielraum und ermuntern zum Ausholen beim Reden) viel bei. Doch offene Fragen bringen in einem Gespräch die wesentlichen Informationen, denn sie eignen sich,
  - um den Gesprächspartner zu öffnen,
  - um eine Diskussion über einen Themenbereich einzuleiten,
  - um Denkprozesse auszulösen,
  - um Beschreibungen und Ausführung zu erhalten,
  - um Stille und Zurückhaltende zum Reden zu bringen,
  - um einen Eindruck über die Gesprächsperson zu erhalten.

Natürlich kommt es vor, dass auf offene Fragen einsilbig und kurz geantwortet wird: „Wie waren Ihre Ferien?" –„Gut." Dann erhält man mehr Informationen durch Nachhaken: „Was hat Ihnen besonders gefallen?"
Vorsicht mit der Warum-Frage: Sie setzt unter Druck, wenn sie auf die Vergangenheit bezogen ist, provoziert Rechtfertigungen („Warum ist dieser Fehler passiert?") und bringt deshalb nicht die eigentlichen Ursachen ans Licht. Hier empfiehlt sich, stattdessen quantifizierende W-Fragen einzusetzen: „Was ist genau geschehen? Wann? Wie lange dauerte es? Was haben Sie dann gemacht?" etc.

---

[4]Auf den Einsatz von Fragen in Gespräche gehen Brunner (2017) und Birkenbihl (2016) ausführlich und praxisbezogen ein.

- **Geschlossene Fragen**

  Geschlossene Fragen engen den Antwortspielraum ein und lassen sich mit „*Ja*" oder „*Nein*" beantworten. *Häufig sind es gar keine echten Fragen*, sondern Aufforderungen zu Bekenntnissen („Hat Dir der Film gefallen?"), verdeckte eigene Aussagen („Hat Dir der Film auch gefallen?") oder eigene Vermutungen („Hat Dir der Film nicht gefallen?") – man fragt also etwas, um in eigenen Ansichten bestätigt zu werden. Nicht der Befragte muss bei solchen Fragen nachdenken sondern der Fragende. Er muss ständig aktiv sein und nach eigenen Ansichten suchen, um das Gespräch in Gang zu halten. Selbst Führungskräfte, die sich selber für sehr offen halten, verwenden in Mitarbeitendengesprächen überwiegend geschlossene Fragen und tragen so zu einer Gesprächsatmosphäre bei, in der wichtige neue Informationen verpasst werden. Geschlossene Fragen können sich jedoch eignen,

  – um genaue Antworten zu provozieren,
  – um spezifische Informationen zu erhalten,
  – um schnell an ein Ziel zu gelangen,
  – um das Verstandene abzusichern (s. „Trichterprinzip" in diesem Kapitel),
  – um Vielredner zu bremsen,
  – um den Gesprächspartner unter Druck zu setzen.

Geschlossene Fragen können denn auch als *Verhörsituation* erlebt werden, wo die Führungskraft sich offenbar bereits ein Bild gemacht hat und schnell ans Ziel gelangen will.

- **Konkretisierende Fragen**

  Diese helfen den entscheidenden Punkt zu finden, ohne dass man geschlossene Fragen stellt (z. B. „Haben Sie nicht gemerkt, dass..."). Die Konkretisierung einer Antwort wird durch eine offene Frage eingeleitet, die beim Gegenüber einen Nachdenk-Prozess auslöst:

  – *Woran haben Sie gemerkt, dass...?*
  – *Wie zeigte sich dies genau?*
  – *Ab wann sagen Sie, jemand ist...?*

- **Klärende Fragen**

  Sie haben die gleiche Funktion wie die konkretisierenden Fragen mit dem Ziel, Sichtweisen besser zu verstehen und Zusammenhänge sichtbar zu machen.

  – *Wie erklären Sie sich das?*
  – *Welche Wirkungen haben Sie beobachtet?*
  – *Wann tritt das Problem auf?*
  – *Wo würden Sie Ihren Anteil sehen?*

- **Hypothetische Fragen**
  Diese spezielle Form des Fragens ist geeignet, wenn man in einem Gespräch eine Blockade feststellt. Sie können verfahrene Situationen retten, weil sie den Blick unverfänglich (es ist ja nur hypothetisch!) auf Lösungen sowie neue Perspektiven und Sichtweisen richtet. Hypothetische Fragen bestehen aus drei Teilen:
  1. Einleitung: *Angenommen ... Gesetzt der Fall ... Was wäre, wenn ...*
  2. Zielbeschreibung: *...wäre gelöst ... wir hätten Übereinstimmung.*
  3. Konsequenz: *Was wäre dann passiert? Was würde wer anders machen?*

- **Trichterpinzip als Strukturhilfe**
  Vermehrt mit offenen Fragen ein Gespräch zu steuern verlangt nach einer besonderen Strukturierung des Gesprächs, wenn man nicht durch ausführliche Aussagen des Gegenübers zu viel Zeit und das Ziel aus den Augen verlieren will. Beginnen Sie ein Gespräch oder einen Themenkreis mit offenen Fragen („Wie ist es Ihnen mit dem neuen Projekt ergangen?"), lassen Sie die Antworten durch offene Fragen konkretisieren bzw. präzisieren („Was genau hat dazu beigetragen?") und schließen Sie mit einer Zusammenfassung im Sinn des aktiven Zuhörens ab („Sie meinen also..."?).

4.5   Strategisch denken in Gesprächen

Wenn es in Gesprächen Sackgassen wegen grundlegender Meinungsverschiedenheiten gibt, helfen die in diesem Essential dargestellten psychologischen Erkenntnisse und Gesprächsregeln allein nicht weiter. Liegt z. B. eine grundlegende Meinungsverschiedenheit vor, dann geht es darum, aufgrund genauer Wahrnehmungen die richtige Strategie zu ergreifen. Strategisch denken in solchen Situationen bedeutet sich zu fragen:

- Was soll die Gegenseite als Nächstes tun?

Fragen Sie sich also nicht: Was soll ich als Nächstes tun? Fragen Sie sich stattdessen:

- Wenn ich mache, was ich vorhabe, wie wird die Gegenseite reagieren?
- Was kann ich tun, damit die Gegenseite so reagiert, wie ich möchte?

Strategisch denken in Gesprächen setzt also voraus, dass man sich in die Gegenseite hineindenkt:

- Was geht in der anderen Person vor?
- Wie sieht/empfindet sie die Situation?
- Welches sind ihre Interessen/Motive?
- Zu welchen Schritten ist sie im Moment in der Lage?

Die Ansichten der Gegenseite findet man heraus mit Techniken des aktiven Zuhörens und mit zielgerichtetem Fragen (vor allem offene Fragen, W-Fragen, hypothetische Fragen, s. Kap. 4.4)
Fragen Sie sich auch selber:

- Warum sollte die Gegenseite etwas tun? Warum tut sie es nicht?
- Was hat die Gegenseite dazu schon einmal geäußert?
- Gibt es Drittpersonen, die etwas zu den Motiven sagen können?

Ein strategisches Gesprächsmodell für solche Situationen ist das „Harvard-Konzept" (Fisher et al. 2015): Meinungsverschiedenheiten werden als Verhandlungssituation gesehen.

4.6   Verbale Elemente der Verständlichkeit berücksichtigen

Verstanden werden hat immer auch mit den eigentlichen verbalen Elementen der Verständlichkeit zu tun. Sowohl im schriftlichen als auch im mündlichen Ausdruck werden dabei vier Dimensionen unterschieden:

- **Einfachheit**
  - Konkret formulieren
  - Geläufige Wörter brauchen
  - Fachwörter erklären
  - Informationsdichte gering halten
  - Verben statt Substantivierungen verwenden
- **Redundanz**
  - Explizite Formulierungen verwenden
  - Paraphrasen machen

- Wichtige Namen und Bezeichnungen wiederholen
- Auf lexikalische Varianz verzichten
- **Ordnung/Gliederung**
  - Ziel am Anfang nennen
  - Linearen Aufbau wählen
  - Folgerichtige Textverknüpfungen machen
  - Roten Faden sichtbar werden lassen
  - Zwischen Wesentlichem und Unwesentlichem unterscheiden
- **Zusätzliche Stimulanz**
  - Persönlich sein
  - Empfänger einbeziehen
  - Beispiele und Bilder bringen
  - Vergleiche machen

4.7   Körpersprachliche und sprecherische Signale entschlüsseln und einsetzen

Körpersprachliches und sprecherisches Verhalten (Kap. 2.2) sagt immer etwas aus über den emotionalen Aspekt und damit über die Beziehungsebene in der Kommunikation. Wenn Sie ein Gespräch führen, müssen Sie darauf achten und evtl. die eigene nonverbale Kommunikation und Ihr Sprechverhalten bewusst einsetzen. Insbesondere geht es dabei um Sitzhaltung, Mimik, Gesten, Blickkontakt, Betonungen, Lautstärke, Tempo, Atem. Dazu einige Hinweise:

- **Auf Sitzhaltung achten**

Beginnen Sie ein Gespräch in einer ähnlichen Sitzhaltung wie Ihr Gegenüber. Sie holen ihn/sie damit nonverbal dort ab, wo er/sie gegenwärtig ist, und schaffen Vertrauen. Nähe und Distanz müssen der Situation angepasst sein.

- **Auf Blick und Blickkontakt achten**

Der Blick signalisiert Gesprächsbereitschaft und hat eine bindende, kontrollierende oder drohende Funktion. Augenbewegungen zeigen Denkvorgänge an. Blickkontakt wird reduziert und gemieden

  - bei geringer Distanz zwischen den Sprechenden, in Angst- und Stresssituationen,
  - bei Schuldgefühlen,
  - im Falle einer Täuschung oder Lüge,
  - bei Desinteresse,
  - bei starker innerer Beschäftigung.

- **Die Körpersprache lügt nicht**
  Die körpersprachlichen Signale sind unwillkürliche bzw. unkontrollierbare Verhaltensweisen, doch hüten Sie sich davor, Wahrnehmungen nur aufgrund körpersprachlicher Signale einzuordnen! Denken Sie daran:
  - Körpersprache kann eine verbale Aussage *ersetzen*:
    - Kopfschütteln, Hand erheben.
  - Körpersprache kann eine verbale Aussage *unterstreichen/verdeutlichen*:
    - Mit der rechten Hand nach rechts zeigen und das Wort einem Diskussionsteilnehmer zur Rechten erteilen.
  - Körpersprache kann *in keinem Zusammenhang* zur verbalen Aussage stehen:
    - Mit dem Fuß auf- und abwippen als stereotype Bewegung.
  - Körpersprache kann *im Widerspruch* zur verbalen Aussage stehen:
    - Lachend über ein gravierendes Problem sprechen.

Nonverbale Kommunikation kann immer nur im Kontext des Ganzen, insbesondere im Zusammenhang mit den verbalen Äußerungen interpretiert werden. Dabei ist eine Frage zentral: *Ist das, was gesagt wird, kongruent mit der Körpersprache?* Auf solche Hinweise der Stimmigkeit müssen Sie in Gesprächen achten. Auch Ihre eigene Körpersprache muss natürlich stimmig sein. Nur so strahlen Sie in einem Gespräch Vertrauen und Sicherheit aus.

4.8 Gefühle erkennen und damit umgehen

Emotionen spielen bei Führungsgesprächen eine wichtige Rolle. Seit den Untersuchungen über emotionale Intelligenz (Goleman 2007) wird die Fähigkeit des Umgangs mit Emotionen als wichtiger Teil der Führungskompetenz betrachtet. Verlangt wird von Führungskräften, dass sie einerseits umgehen können mit eigenen Emotionen und diese konstruktiv in ihr Handeln einfließen lassen, anderseits sollen sie adäquat mit den Emotionen der Mitarbeitenden umgehen können. Emotional gefordert sind die Führungskräfte vor allem in sogenannt schwierigen Gesprächen. Dabei helfen folgende Hinweise:

- **Achten Sie auf Ihren eigenen Körper**
  Empfindungen von Anspannung, Steifheit, Unbehagen und Wahrnehmungen physiologischer Veränderungen wie schnelleres Atmen, rascherer Herzschlag, veränderte Stimme sind Zeichen negativer Emotionen.
- **Achten Sie auf Ihre eigenen Gefühle**
  Emotionen beeinflussen das Urteilsvermögen sehr stark. Sie müssen sich bewusst sein, dass Emotionen vorübergehend sind, aber Ihnen gleichzeitig

wichtige Informationen über die Gesprächssituation geben. Gefühle sind erlebte emotionale Reaktionen Ihres Körpers.

- **Akzeptieren Sie die Gefühle und übernehmen Sie Verantwortung dafür**
  Es hilft Ihnen nichts, das Gefühl zu verleugnen. Gefühle sind einfach da und müssen ernst genommen werden. Sonst laufen Sie Gefahr, selber im Gespräch nicht mehr ernstgenommen zu werden. Sie müssen auch Verantwortung für Ihre Gefühle übernehmen und sich die Gefühle bewusst machen. Das hilft Ihnen, negative Emotionen wieder loslassen zu können.
- **Klären Sie Ihre Gefühle für sich selber durch Fragen**
  – Welche Bedürfnisse, Werte werden hier verletzt?
  – Welche Grundsätze, Ziele sind hier gefährdet?
  – Welche Vermutungen bringen mich dazu, so zu reagieren?
  – Welche Gefühle, Erinnerungen werden wachgerufen?
- **Bringen Sie Ihre Gefühle zum Ausdruck**
  Versuchen Sie, Ihre Gefühle in Worte auszudrücken: „Ich bin jetzt verärgert, weil…" Dies ist hilfreicher in einem Gespräch, als davon auszugehen, dass das Gefühl gar nicht oder ohnehin körpersprachlich wahrgenommen wird. Denken Sie jedoch daran: In erster Linie müssen Sie Ihre Gefühle selber zum Ausdruck bringen.
- **Hören Sie genau zu**
  Emotionale Zustände beeinflussen Ihre Wahrnehmung. Sie müssen sich deshalb in emotionalen Situationen besonders bemühen, gut zuzuhören. Die Techniken des aktiven Zuhörens unterstützen Sie dabei.
- **Akzeptieren Sie die Gefühle des Gegenübers und bleiben Sie neugierig**
  Sie tragen viel zu einem guten Gespräch bei, wenn Sie die Gefühle des Gegenübers unbewertet annehmen und ernstnehmen. Sichern Sie dabei Ihre Wahrnehmung durch Rückfragen ab: „Sind Sie jetzt verletzt…?" Nur das Feedback des Gegenübers kann Ihnen Klarheit über seine Gefühle geben. Versuchen Sie dann nicht, Gefühle auszureden, sondern bleiben Sie neugierig: Was habe ich hier offenbar verletzt?

4.9   Empathie entwickeln

Dieser Begriff geht auf C. R. Roger zurück, dem Begründer der klientenzentrierten Psychotherapie, auch Gesprächstherapie genannt (erste Publikationen 1942). Hauptpunkt seiner Forschung war die Frage: Welche Elemente charakterisieren eine wachstumsfördernde Beziehung. Elementar erwiesen sich: Empathie, Wertschätzung, Kongruenz.

- **Empathie beschreibt die Fähigkeit,**
  - ein präzises, einfühlendes Verstehen für die persönliche Welt des Gegenübers zu entwickeln,
  - von den Fragmenten des so Verstandenen einiges Wesentliche mitzuteilen,
  - die innere Welt des Gegenübers mit ihren ganz persönlichen Bedeutungen so zu verspüren, als wäre es die eigene (doch ohne die Qualität des „als ob" zu verlieren).

Empathie hat ansteckende Wirkung, je mehr man empathisch auf das Gegenüber hört, desto mehr zeigt sich im Gegenüber die Tendenz, in gleicher Art auf sich selbst zu hören. Auf der Ebene der Gesprächsführung heißt das:

- eigene Verfassung wahrnehmen (z. B. echt interessiert oder nicht?),
- wichtige Inhalte in sinngemäßer Form wiedergeben,
- wahrgenommene Gefühle und Empfindungen formulieren,
- körperliche Gesamtverfassung wahrnehmen (evtl. formulieren),
- stimmliche und körperliche Veränderungen wahrnehmen (evtl. formulieren),
- weiterführende Fragen stellen,
- Konkretisierungen herbeiführen,
- Andeutungen nach ihren Inhalten hinterfragen,

Der Schlüssel zur Empathie ist also aktives Zuhören.

4.10   Ich-Botschaften statt Du-Botschaften senden

Wenn man mit jemandem ein Problem hat, reagiert man gerne mit sogenannten *Du-Botschaften:*

- *Du bist mir aber auch gar keine Hilfe!*
- *Sei endlich ruhig!*
- *Das sollten Sie nicht tun!*
- *Sie müssen jetzt sofort…!*
- *Sie lehnen einfach immer alles ab!*
- *Sie zeigen wenig Engagement!*

Solche Du-Botschaften werden vor allem beim Äußern von Kritik verwendet und sind wenig gesprächsfördernd. Dies hat damit zu tun, dass sie das Problem ausschließlich beim Empfänger lokalisieren. Es handelt sich um eine unvollständige

Mitteilung, denn eigentlich hat nicht die Gegenseite ein Problem, sondern man hat selber eines mit der Gegenseite. Aber darüber teilt man nichts mit, allenfalls versteckt im Tonfall. Solche Du-Botschaften provozieren eine Abwehrhaltung, denn sie

- wirken als Bevormundung,
- werden als einseitige Schuldzuweisung erlebt,
- verursachen Schuldgefühle,
- werden als Tadel, Vorwurf empfunden,
- rufen nach Rechtfertigungen.

Statt zu einer konstruktiven Auseinandersetzung mit berechtigter Kritik oder Sorge kommt es dann oft zu einem Schlagabtausch oder zum Verstummen. Das wird auch nicht vermieden durch eine *Man-Aussage* („Man kann nicht einfach immer alles ablehnen."), welche einfach eine abgeschwächte Variante einer Du-Botschaft ist.

Im Gegensatz dazu haben sogenannte *Ich-Botschaften* den gleichen Sachverhalt, drücken diesen jedoch präziser aus. Wenn Sie in einer Problemsituation eine Ich-Botschaft senden, sagen Sie etwas über sich selber, Ihre eigene Wahrnehmung eines Problems oder Ihre Gefühle aus. Damit öffnen Sie das Gespräch, weil klar wird, dass man die Hilfe des Gegenübers braucht, um gemeinsam ein Problem zu lösen.

Du-Aussage	Ich-Aussage
Du bist mir aber auch gar keine Hilfe!	*Ich fühle mich im Stich gelassen und hätte gerne, dass Du mich unterstützt.*
Sei endlich ruhig!	*Ich bin durch Dein Telefongespräch bei meiner Arbeit gestört und bitte Dich...*
Wäre es nicht besser, Sie...	*Ich verstehe nicht, warum Sie dieses Problem so lösen möchten.*
Man kann nicht einfach immer alles ablehnen.	*Ich bin enttäuscht, dass Sie auf diesen Vorschlag in keiner Art und Weise eingehen möchten, ohne ihn zu prüfen.*

Eine vollständige Ich-Botschaft enthält also die drei Aspekte:

- eine *Beschreibung des Verhaltens,* das mich stört,
- eine *Verbalisierung des Gefühls,* das ich dabei empfinde,
- eine *Aussage zur Auswirkung* des störenden Verhaltens.

Beispiel: „Die Angaben, die Sie mir für die letzte Sitzung zusammengestellt haben, waren nicht mehr aktuell. Ich habe mich darüber sehr geärgert. Denn darunter leidet die Glaubwürdigkeit der Abteilung."

Ich-Aussagen müssen nicht in diesem Sinn ganz vollständig sein, um gesprächsfördernd zu wirken, doch der Ich-Anteil und das störende Verhalten müssen darin klar erkennbar sein. Ich-Botschaften sind ebenso konfrontativ wie Du-Botschaften mit dem Vorteil, dass sie gesprächsfördernd sind. Sie finden sinnvollerweise Anwendung in Problemlösungs-, Kritik-, Beurteilungs- und Zielvereinbarungsgesprächen. Natürlich können in solchen Situationen auch Ich-Botschaften brüskieren und Abwehrreaktionen hervorrufen. Dann muss man „umschalten" auf aktives Zuhören, um zu verstehen, was abläuft.

4.11 Feedback geben und erhalten

Für Führungskräfte ist Feedback geben und erhalten können die wirkungsvollste Kommunikationskompetenz in der Beziehung zu Mitarbeitenden. Mit Feedback zeigen Sie dem einzelnen, was im Verhalten, in der Zusammenarbeit und in der Leistung gut ist und was verbessert werden muss. Durch Feedback Ihrer Mitarbeitenden und Ihrer Kunden können Sie sich selber verbessern. Doch solche Funktionen kann Feedback nur erfüllen, wenn es *mit Wertschätzung verknüpft* ist.

Wenn Sie als Führungskraft ein gutes, also positives Feedback geben, ist die Wertschätzung kein Problem. Jeder fühlt sich wertgeschätzt, wenn man ihm ehrlich sagt, dass er etwas gut gemacht hat. Wenn Sie ein negatives Feedback geben, wird es mit der Wertschätzung schwieriger, denn negatives Feedback wird als Kritik wahrgenommen, und Kritik einer Führungskraft wird immer als Beurteilung der Person erlebt. Dies ist auch nicht zu verhindern, wenn die Kritik sehr sachbezogen vorgebracht oder mit abfedernden Floskeln eingeleitet wird (z. B. „Verstehen Sie mich nicht falsch…"). Kritisches Feedback kann daher verletzen und provoziert Rechtfertigungen. Damit aber ist die Chance vertan, etwas aus einem Feedback zu lernen. Wenn Feedback in Beziehungen lernwirksam sein soll, müssen deshalb beim Feedback geben und beim Feedback nehmen Regeln beachtet werden:

- **Hilfreich ist beim Geben von Feedback**
  - Beschreiben Sie *konkrete Wahrnehmungen* und vermeiden Sie Generalisierungen, Wertungen, Interpretationen, Mutmaßungen darüber, warum etwas so ist. Sonst provozieren Sie Verteidigungen und Gegenerklärungen.
  - Beschreiben Sie die *Wirkung eines Verhaltens*: Was sind die Folgen? Was löst das bei mir aus? Sie ermöglichen dadurch Einsicht und Verständnis für das kritisierte Verhalten.

– Formulieren Sie das gewünschte Verhalten als *Wunsch*. Sie bauen damit Widerstand ab, denn wer verändert sich schon gerne.

Beispiel: Statt „Man weiß ja, dass Du Mühe hast mit der Pünktlichkeit, Du kommst immer zu spät" sagen Sie: „Du bist diese Woche bereits zweimal unpünktlich gewesen. Das ärgert mich, weil ich jeweils alles liegen lassen und warten muss. Ich bitte Dich in Zukunft pünktlich zum vereinbarten Zeitpunkt zu kommen."

- **Hilfreich ist beim Nehmen von Feedback**
  – *Hören Sie gut zu* und *fragen Sie nach*, wenn Sie etwas nicht verstanden haben. Weil Sie sich mit einem kritischen Feedback als Person beurteilt fühlen, besteht die Gefahr, dass Sie reagieren, bevor Sie wirklich verstanden haben.
  – *Vermeiden Sie Rechtfertigungen, Verteidigungen und Argumentationen.* Ein anderer Mensch kann nie beschreiben, wie Sie selber sind; sondern immer nur, wie Sie auf ihn wirken. Dies jedoch müssen Sie nicht rechtfertigen, das ist seine Sache.
  – *Lassen Sie das Feedback einfach wirken und danken Sie dafür.* Feedback ist wie eine Medizin, Sie merken mit der Zeit, ob Ihnen Feedback guttut. Denken Sie dabei auch daran: Ich bin nicht auf der Welt, um so zu werden, wie andere mich haben wollen. Aber ich muss mich darum kümmern, wie ich auf andere wirke, wenn ich Ziele erreichen will, die mir wichtig sind.

Feedback ist ein Angebot und eine Chance, etwas über sich selber zu lernen. Für Führungskräfte ist es besonders wichtig, dass sie nicht nur Feedback geben können, sondern auch erhalten. Nur so können sie die Beziehung zu ihren Mitarbeitenden glaubwürdig gestalten. Dies verlangt von ihnen, dass sie die Mitarbeitenden aktiv um Feedback bitten. Feedback ist nämlich dann am wirkungsvollsten, wenn es gewünscht wird und wenn die Fragestellung, auf die man Feedback erhalten möchte, möglichst konkret ist (z. B. „Wie erleben Sie meine Sitzungsleitung und was kann ich dabei verbessern?"). Nehmen Sie das Feedback Ihrer Mitarbeitenden wertschätzend an, sonst werden Sie kein ehrliches Feedback mehr erhalten. Die oben festgehaltenen Regeln beim Nehmen von Feedback helfen Ihnen, diese Wertschätzung zu zeigen.

4.12   Überzeugen können

Als Führungskraft kommen Sie immer wieder in Gesprächssituationen, wo Sie Mitarbeitende von etwas überzeugen müssen: unerwünschte Veränderungen akzeptieren, ungeliebte Zielsetzungen erreichen, Verhaltensänderungen lernen etc. Dabei vertraut man gerne darauf, dass man mit Argumentieren überzeugen kann. Man bereitet dann seine Pro-Argumente vor und überlegt sich die Argumente der Gegenseite und wie man auf diese eingehen könnte. Doch *es ist ein Irrglaube zu meinen, dass man mit Argumentieren überzeugt* und dass man mit besseren Argumenten gewinnen kann. Andere Faktoren haben in der Kommunikation mehr Einfluss auf die Überzeugungskraft. Überzeugen ist ein Prozess, der mit dem Gesprächsverlauf und der damit verbundenen Gesprächskultur zu tun hat.[5] Wirkungsvolles Überzeugen in Gesprächen beginnt deshalb nicht mit der Darstellung einer Position (Forderung, Lösung, Standpunkt) und der argumentativen Begründung. Es beginnt mit der Klärung der Problemsituation und der damit verbundenen Interessen und Bedürfnisse. Überzeugen beginnt also mit Informieren und Fragen und nicht mit Argumentieren!

Wenn es in Gesprächen gelingt, das Gegenüber als gleichberechtigten Partner zu akzeptieren, seine Ideen zu prüfen, miteinander Lösungen zu entwickeln, Einwände zu akzeptieren und zu integrieren – dann erst kann man mit guten Argumenten auch überzeugen. Überzeugen können hat also mit dem Aufbau einer vertrauensvollen Beziehung zwischen Führungskraft und Mitarbeitenden zu tun und beginnt mit dem Ernstnehmen und der Wertschätzung des Gegenübers. Überzeugen können als Kommunikationskompetenz setzt die hier beschriebenen Grundlagen der Gesprächsführung voraus.

---

[5]Vgl. dazu Alter (2015, S. 39–45).

Leitfaden für einzelne Führungsgespräche

5

5.1 Zweck und Vorbereitung von Führungsgesprächen

In diesem Kapitel werden Hinweise zur Durchführung von Führungsgesprächen gegeben, die im betrieblichen Alltag häufig vorkommen. Dabei verstehen wir unter Führungsgesprächen typische Gesprächssituationen zwischen Vorgesetzten und Mitarbeitenden, in denen die Führungskraft aufgrund von Ereignissen und Beobachtungen das Gespräch führt oder sucht und dabei ihre Führungsverantwortung übernimmt. In solchen Führungsgesprächen geht es vor allem um das *Feedback der Führungskraft* im Hinblick auf die Klärung, Verbesserung oder Veränderung der Arbeitssituation bzw. der Leistung und des Verhaltens eines Mitarbeitenden. Die Hauptzielsetzung richtet sich dabei auf die *Etablierung einer Unternehmenskultur*, in der man miteinander Probleme offen besprechen kann. Nicht thematisiert werden hier das sogenannte Feedbackgespräch, weil alle Führungsgespräche in einzelnen Aspekten auch Feedbackgespräche sind, sowie Gespräche mit mehreren Mitarbeitenden (z. B. Teamgespräche).[1]

Ein Führungsgespräch muss vorbereitet werden, wenn es einen konstruktiven Verlauf nehmen soll. Die Vorbereitung hängt jedoch stark mit der Art des Führungsgesprächs zusammen. Folgende Fragen können Sie sich jedoch vor jedem Führungsgespräch stellen:

- Was ist eigentlich das Problem? Kann ich es sachlich formulieren?
- Welche Fakten habe ich? Sind meine Unterlagen aktualisiert?

---

[1]Lippmann (2018, Kap. 9.3) gibt einen Überblick zu Formen von Führungsgesprächen. Kanitz (2015) thematisiert Feedbackgespräche im Kontext von Unternehmen. Über die Durchführung von Teamgesprächen findet man mit der Google-Suchmaschine viele nützliche Hinweise für verschiedene Teamsituationen.

© Springer Fachmedien Wiesbaden GmbH, ein Teil von Springer Nature 2018
U. Alter, *Grundlagen der Kommunikation für Führungskräfte,* essentials,
https://doi.org/10.1007/978-3-658-21680-1_5

- Bin ich mir im Klaren über die Dimension des zu besprechenden Problems?
- Schätze ich die Emotionalität richtig ein? Bei mir selbst und beim Mitarbeitenden?
- Welche Gefühle habe ich gegenüber dem Mitarbeitenden? Habe ich Vorurteile?
- Was ist das Ziel des Gesprächs?
- Welches ist der richtige Zeitpunkt und der richtige Ort?
- Wie lade ich zum Gespräch ein? (In der Regel ist es gut für das Gespräch, wenn der Mitarbeitende weiß, worum es geht, dann kann er/sie sich auch vorbereiten.)

Die einzelnen Leitfäden zum Ablauf von Führungsgesprächen geben Ihnen weitere Hinweise zur Vorbereitung eines Gesprächs. Wenn Sie Führungsgespräche verbessern wollen, lohnt sich auch eine *Nachbereitung* solcher Gespräche mit Fragen zum Gesprächseinstieg, zur Zielerreichung, zum Gesprächsanteil der Gesprächspartner und zur Gesprächsatmosphäre.

5.2   Problemlösungsgespräche

Im Führungsalltag ist diese Gesprächsart die häufigste: Es ist ein Problem aufgetaucht, das gelöst werden muss. Der Aufbau eines solchen Gesprächs erfolgt am besten in vier Schritten, wobei diese einzelnen Schritte in den meisten anderen Führungsgesprächen ähnlich oder gar gleich gemacht werden:

- **Problem beiderseits darlegen**
  Beginnen Sie als Führungskraft mit der Darlegung und fordern Sie dann die Gegenseite auf, das Problem aus ihrer Sicht darzulegen. Wenn der Mitarbeitende mit einem Problem zu Ihnen kommt, beginnt er mit der Darlegung des Problems.
- **Gemeinsame Problemsicht erarbeiten**
  Klären Sie zusammen die gemeinsame Problemsicht. Sie ist Voraussetzung für den weiteren konstruktiven Gesprächsverlauf. Es muss klar sein, wo man das Problem gleich sieht und wo unterschiedlich.
- **Ursachen analysieren**
  Auch dies geschieht gemeinsam. Wenn die Ursachen klar werden, ist auch der Ansatzpunkt der Problemlösung gegeben.
- **Lösungen erarbeiten und klare Abmachungen treffen**
  Suchen und bewerten Sie mögliche Lösungen für das Problem und halten Sie die getroffenen Maßnahmen/Vereinbarungen zum Schluss fest.

5.3   Kritikgespräche

Konstruktive Kritik ist immer zukunftsbezogen. Deshalb handelt es sich beim Kritik-gespräch um ein *Maßnahmegespräch*, das auch die Unterstützung der Führungskraft beinhaltet.

- **Eröffnung des Gesprächs**
  - – Zeigen Sie eine wertschätzende Grundhaltung.
  - – Umreißen Sie den Gesprächsgrund.
- **Fehler nennen und Stellung beziehen lassen**
  - – Beschreiben Sie konkret und sachlich den Fehler.
  - – Benennen Sie die Folgen.
  - – Fordern Sie zur Stellungnahme auf.
- **Ursachen suchen und besprechen**
  - – Bringen Sie die eigene Sicht ein und stellen Sie Fragen dazu.
  - – Holen Sie die Sicht des Gegenübers ein.
- **Gemeinsam nach Lösungen suchen**
  - – Besprechen Sie mögliche Zielsetzungen und damit verbundene Maßnahmen.
  - – Bieten Sie Hilfestellungen und Unterstützung an.
- **Klare Abmachungen treffen**
  - – Halten Sie Zielsetzungen fest mit Terminen.
  - – Legen Sie Maßnahmen und Kontrollen fest.
- **Schlussstrich und Vertrauensappell**
  - – Machen Sie klar, dass Sie nun vertrauensvoll in die Zukunft blicken.

Termine und Maßnahmen werden kontrolliert und es wird darüber auch gesprochen!

5.4   Zielvereinbarungsgespräche

- **Ziele besprechen**
  - – Erläutern Sie die Bedeutung des Gesprächs.
  - – Nennen Sie Ihre Absichten.
  - – Fragen Sie nach Einverständnis und Bedenken.
  - – Nennen Sie Ihre Prioritäten.
  - – Formulieren Sie die Ziele gemeinsam.
  - – Besprechen Sie Maßnahmen zur Zielerreichung und Ihre Unterstützung.
  - – Vereinbaren Sie, wie und wann das Ergebnis überprüft wird (Folgetermin).

- **Zielerreichung besprechen**
  - Besprechen Sie die erreichten Ziele und anerkennen Sie das Ergebnis.
  - Diskutieren Sie Gründe für nicht erreichte Ziele.
  - Suchen Sie zusammen nach möglichen anderen Lösungen und falls nötig, definieren Sie die Ziele neu.
  - Einigen Sie sich auf konkrete Maßnahmen zur Zielerreichung.
  - Drücken Sie dem Mitarbeitenden das Vertrauen aus und setzen Sie ein erneutes Folgegespräch fest.

5.5   Coachinggespräche

Unter Coaching verstehen wir jenen Aspekt der Führungsrolle, der bei den Mitarbeitenden auf ihre Entwicklung und Übernahme von Eigenverantwortung zielt. Dies verlangt von Führungskräften, dass sie sich in Gesprächen zurücknehmen und durch ihr Gesprächsverhalten dafür sorgen, dass die Mitarbeitenden selber nachdenken und Lösungen entwickeln. Solche Gespräche sind in vielem *mit Delegationsgesprächen vergleichbar* (s. dazu Boneberg 2018, Kap. 15.5), die hier deshalb nicht berücksichtigt sind.

- **Schildern Sie die Ausgangslage und klären Sie durch Fragen**
  - Schildern Sie, was neu gelernt werden könnte.
  - Konkretisieren Sie zusammen das Problem, das gelöst werden muss, bzw. beschreiben Sie die neue Aufgabe, die der Mitarbeitende übernehmen soll.
  - Stellen Sie fest, was Ihr Mitarbeiter davon schon kann.
- **Definieren Sie zusammen die Ziele**
  - Formulieren Sie beobachtbare oder messbare Ziele.
  - Formulieren Sie Teilziele, die terminiert sind.
- **Suchen Sie gemeinsam Möglichkeiten zur Zielerreichung**
  - Fördern Sie das Entdecken des Mitarbeitenden durch Fragen und aktives Zuhören.
  - Teilen Sie Ihre eigenen Erfahrungen mit, ohne Ihre Lösungen aufzudrängen.
- **Einigen Sie sich auf den nächsten Schritt**
  - Schaffen Sie Klarheit über Kompetenzen und Verantwortung bei diesem Schritt.
  - Ebnen Sie den Weg, indem Sie auch andere darüber informieren.
- **Legen Sie gemeinsam Kontrolle und Unterstützung fest**
  - Sprechen Sie darüber, wie Fortschritt und Zielerreichung kontrolliert werden.
  - Vereinbaren Sie, was Ihre Unterstützung dabei ist.

- **Fassen Sie zusammen**
  - Was wird bis wann gemacht und wann wird es besprochen?

5.6   Konfliktgespräche

Führungsgespräche haben nicht immer mit der sachlichen Lösung von Problemen
zu tun. Ein Konfliktgespräch müssen Sie dann führen, wenn ein Mitarbeitender
mit Nachdruck ein Arbeitsverhalten zeigt, das Sie nicht tolerieren. Sie sind also
selber Teil des Konflikts. Bei solchen Konfliktgesprächen müssen Sie in der Vorbereitung an folgende Aspekte denken:

- Rechnen Sie genügend Zeit ein.
- Wählen Sie eine ruhige, ungestörte Umgebung.
- Machen Sie sich vorher Gedanken über den eigenen Anteil am Konflikt: Was
  sind meine Gefühle dabei? Welche Position habe ich und welche Interessen
  sind damit verbunden?
- Überlegen Sie sich Lösungen für den Konflikt und was Sie machen, wenn das
  Gespräch scheitert.
- Versetzen Sie sich in die Situation des Gegenübers: Wie ist wohl seine Sicht?
  Was sind seine Gefühle dabei?

Als Gesprächsleitfaden kann folgender Ablauf helfen:

- **Gespräch eröffnen**
  Beginnen Sie wertschätzend und erklären Sie kurz, dass Sie froh über die-
  ses Gespräch sind, warum Sie dieses Gespräch notwendig finden und welche
  Ziele Sie damit verfolgen.
- **Konfliktsituation beschreiben**
  Motivieren Sie den Gesprächspartner durch die Darstellung Ihrer Sicht des
  Konflikts mit Ich-Botschaften. Bitten Sie, nicht zu unterbrechen und zu disku-
  tieren, außer klärende Nachfragen am Schluss.
- **Erste Entscheidung: Ist mein Gegenüber überhaupt gesprächsbereit?**
  Wenn ja: Halten Sie dies wie einen Kontrakt fest, dass Sie beide bereit sind,
  ein Konfliktgespräch zu führen. Wenn nein: Führen Sie die Handlungsalterna-
  tive durch, die Sie sich für das Scheitern des Gesprächs überlegt haben.
- **Konfliktsituation aus der Sicht des Gegenübers beschreiben**
  Fordern Sie das Gegenüber auf, den Konflikt aus seiner Sicht darzustellen.
  Unterbrechen Sie nicht, hören Sie gut zu und stellen Sie klärende Fragen erst

am Schluss. Fragen Sie auch nach Lösungen und Wünschen, ohne diese Aussagen zu bewerten.

- **Konfliktsituation auf den Punkt bringen**
  Zeigen Sie auf, wo sie sich unterscheiden (z. B. in Sichtweisen und Interessen) und halten Sie Gemeinsamkeiten fest (z. B. Interessen und Wunsch nach gemeinsamer Lösung). Halten Sie das zu lösende Kernproblem fest.

- **Lösungen suchen**
  Suchen Sie zusammen mögliche Lösungswege und Lösungen (evtl. aufschreiben) und diskutieren Sie, was denn die fairste und sinnvollste Lösung wäre.

- **Zweite Entscheidung: Eine Vereinbarung wird getroffen**
  Halten Sie die gemeinsam gefundene Lösung und die dazu notwendigen Schritte fest und holen Sie sich das Einverständnis des Gegenübers. Sprechen Sie darüber, was Sie beide zur Zielerreichung beitragen wollen und wann Sie dies überprüfen wollen.

- **Gespräch abschließen**
  Bedanken Sie sich für das Gespräch und geben Sie der Hoffnung Ausdruck, dass Sie beide die schwierige Situation meistern werden.

Scheuen Sie nicht davor zurück, ein Konfliktgespräch abzubrechen, wenn die Emotionen überwiegen. Sie können auch eine Pause machen oder das Gespräch vertagen und einen neuen Anlauf nehmen. Sie können bei einem nächsten Gespräch auch eine neutrale Vermittlungsperson hinzuziehen. Dies alles soll jedoch nie bestrafend erlebt werden, sondern als hartnäckige Bereitschaft, den Konflikt gemeinsam zu lösen. Das Harvard-Verhandlungsmodell (Fisher et. al. 2015) thematisiert die Lösung von Konfliktsituationen ausführlich, das Konzept der gewaltfreien Kommunikation (Rosenberg 2016) gibt zentrale Hinweise zur Gesprächsführung in solchen Situationen.

5.7   Überzeugungsgespräche

Es gibt immer wieder Führungssituationen, in denen eine gemeinsame Suche nach Lösungen nicht möglich ist, da nur eine Lösung akzeptiert bzw. vorgeschrieben wird. Als Führungskraft ist man hier natürlich versucht, sich durchzusetzen kraft seiner Positionsmacht. Ein solches Durchsetzen kann aufgrund einer besonderen Konstellation (z. B. Zeitdruck, Krisensituation) notwendig sein, es wird jedoch keine überzeugte Mitarbeitende hervorbringen, die sich mit dem Unternehmen identifizieren und mitdenken sowie z. B. Veränderungen zum Durchbruch verhelfen. Für Führungskräfte lohnt es sich, in solch schwierigen Situationen vermehrt in wirkliches Überzeugen zu investieren. Wie wir in Kap. 4.12 dargestellt haben, überzeugen dabei Führungskräfte ihre Mitarbeitenden weniger mit stichhaltigen starken Argumenten als vielmehr durch Kommunikation aufgrund einer guten und vertrauensvollen Beziehung. Diese Überzeugungsmacht kann man in einem sorgfältig aufgebauten Überzeugungsgespräch zum Tragen bringen, indem man versucht, den Mitarbeitenden an eine Lösung heranzuführen, statt ihn von Anfang an mit Argumenten davon überzeugen zu wollen.

- **Problembewusstsein schaffen**
  - Interesse an Sichtweise und Bedürfnissen des Gegenübers zeigen.
  - Eigene Sichtweisen bzw. Interessen des Unternehmens darlegen.
  - Fakten und Tatsachen, die damit verbunden sind, klar benennen.
  - Viele offene Fragen in dieser Anfangsphase stellen.
- **Problem fixieren**
  - Worum geht es also?
  - Was muss gelöst, verändert werden?
  - Zu lösendes Problem klar benennen.
- **Zielrichtung vorgeben**
  - Das Wichtigste ist also …
  - Was wäre, wenn … (also wieder viele offene Fragen)
  - Lösungsrichtung andeuten.
  - Einwände akzeptieren bzw. aufzeigen, wie sie in eine Lösungsrichtung integriert werden können.
- **Lösungsvorschlag bringen bzw. darlegen**
  - Mit dem Nutzen argumentieren.
  - Relevanz begründen und Realisierbarkeit aufzeigen.
  - Darlegen bzw. diskutieren, wie mit bestehenden Unsicherheiten umgegangen wird.

5.8 Beurteilungsgespräche

Dieses Gespräch ist das komplexeste Führungsgespräch, weil es einerseits um die schwierige Kommunikation einer Beurteilung in einer asymmetrischen Beziehung geht (also nicht einfach um Feedback zwischen zwei gleichwertigen Partnern), andererseits um die Berücksichtigung von unternehmensinternen Systematiken und Instrumenten. Es kann dabei um Elemente der Zielbeurteilung, der Beurteilung von Verhaltens- und/oder Kompetenzmerkmalen, um Entwicklungsmaßnahmen, Lohnfestsetzungen und um Feedback zur Zusammenarbeit gehen.

Gespräche mit solchen Inhalten werden klassisch als „Beurteilungsgespräch"
bezeichnet, häufig auch als „Mitarbeiter-" oder „Jahresgespräch". Im Rahmen eines
Essentials kann diese Art Führungsgespräch nur sehr knapp dargestellt werden. Für
eine gründlichere Auseinandersetzung mit Zweck, Vorbereitung, Durchführung und
Problemen von Beurteilungsgesprächen sei hier auf Werkmann-Karcher (2018,
Kap. 13.3) und Brenner (2014) verwiesen. Wir versuchen hier trotz der Komplexi-
tät einige allgemein gültige Hinweise zu solchen Gesprächen zu geben.

Zu einer guten *Vorbereitung* gehören:

- Mitarbeitende rechtzeitig zum Gespräch einladen (mind. eine Woche vorher),
  damit auch für sie eine gute Vorbereitung möglich ist.
- Dafür sorgen, dass man ungestört ist und genügend Zeit hat (mind. 1 h).

Inhaltlich verlangt eine gute Vorbereitung von Ihnen, dass Sie sich Notizen ent-
lang von Schwerpunkten machen und sich so einen *selber gefertigten Leitfaden
zurechtlegen*. Folgende Schwerpunkte können Ihnen dabei helfen:

- Überprüfen Sie die Vereinbarungen zu Beginn der Beurteilungsperiode.
- Schätzen Sie das Arbeitsergebnis und deren Gründe in der vergangenen Peri-
  ode ein.
- Schauen Sie in die Zukunft und formulieren Sie die Entwicklungsrichtung.
- Überlegen Sie sich mögliche Ziele und Maßnahmen.
- Welche Fragen zur Zusammenarbeit, zum Arbeitsklima und Arbeitsumfeld
  wollen Sie ansprechen?

Wichtige Aspekte im *Gesprächsablauf* sind folgende:

- **Eröffnung des Gesprächs**
  - Erläutern Sie nochmals Sinn und Zweck des Gesprächs.
  - Erklären Sie, wie das Gespräch abläuft (Dauer, Aufbau, Vorgehen).
  - Bringen Sie den Mitarbeitenden bereits zu Beginn zum Reden mit allge-
    meinen Fragen.
- **Rückblick auf die vergangene Urteilsperiode**
  - Fassen Sie Hauptaufgaben und Ziele zusammen.
  - Erwähnen Sie Herausforderungen, Belastungen und Erfolge.
- **Formulierung des generellen Eindrucks**
  - Beginnen Sie mit der Gesamtbewertung und begründen Sie diese.
  - Sprechen Sie auch Anerkennung aus und Dank.
  - Nehmen Sie die Reaktion auf und hören Sie gut zu.

- **Besprechung einzelner Punkte**
  - Beurteilen Sie die einzelnen Zielerreichungen bzw. das Leistungsverhalten.
  - Stellen Sie fest, ob dies mit der Selbstbeurteilung übereinstimmt.
  - Besprechen Sie Ursachen und Differenzen.
  - Würdigen Sie die Stärken.
  - Sprechen Sie mögliche Entwicklungsfelder an.
- **Ausblick auf die kommende Beurteilungsperiode**
  - Benennen Sie Ziele und Herausforderungen des Unternehmens und der Abteilung.
  - Diskutieren Sie Entwicklungsnotwendigkeiten und -perspektiven.
  - Formulieren Sie zusammen Ziele für den Mitarbeitenden.
  - Halten Sie Förder- und Entwicklungsmaßnahmen zusammen fest.
- **Feedback zur Zusammenarbeit und zum Arbeitsumfeld**
  - Was hat man geschätzt? Wo wünscht man sich Veränderungen?
- **Abschluss des Gesprächs**
  - Fassen Sie zusammen, was vereinbart wurde.
  - Klären Sie darüber auf, wie das Gespräch dokumentiert und weitergeleitet wird.
  - Sprechen Sie miteinander darüber, wie das Gespräch empfunden wurde.
  - Bedanken Sie sich für das Gespräch.

Denken Sie daran: Das Beurteilungsgespräch ist nicht einfach Urteil, sondern vielmehr ein Gespräch über die Zukunft. Es ist ein Gespräch und kein Abhaken von vorgegebenen Aspekten oder ein Monolog der Führungskraft. Es muss so geführt werden, dass der Mitarbeitende sich wertgeschätzt fühlt und bei ihm der Wunsch nach Verbesserungen und Entwicklung gestärkt wird.

5.9 Schlechte-Nachricht-Gespräche

Dieses Gespräch unterscheidet sich von anderen Führungsgesprächen mit unangenehmen Gesprächsinhalten darin, dass die sogenannte schlechte Nachricht eine für den Gesprächspartner *negativ erlebte Konsequenz* darstellt (z. B. Ablehnung eines Gesuchs, Versetzung, Entlassung etc.) und dass die mitgeteilte *Entscheidung endgültig* ist. Dadurch erlebt der Gesprächspartner eine *Frustration,* die je nach individueller Bedeutung der Konsequenz bzw. des Ereignisses leicht bis schwer sein kann. Aus diesem Wissen heraus neigt ein Gesprächsleiter in solchen Situationen zu *Vermeidungsreaktionen* wie z. B.

- Aufschieben des Gesprächs,
- Beschönigen von Fakten,
- Rechtfertigen von Maßnahmen,
- Bemitleiden des Gesprächspartners,
- „Um den heißen Brei herumreden".
- Solidarisierung durch Distanzieren von den Entscheidungsverantwortlichen.

Solche Reaktionen beruhen auf einer falschen Schonhaltung und verschlimmern die Situation für den Betroffenen, denn damit wird einerseits eine konstruktive Verarbeitung der Frustration durch den Betroffenen verhindert, andererseits wird für den Gesprächsleiter das Unangenehme beim Überbringen der schlechten Nachricht nur hinausgeschoben und vertuscht. Dies hat auch damit zu tun, dass man die möglichen Reaktionen von Betroffenen fürchtet. Wenn man nämlich von einer schlechten Nachricht betroffen ist, reagiert man in der Regel mit zwei ganz unterschiedlichen Mustern:

Defensive Reaktion

- Verweigern der Annahme („Das darf nicht wahr sein.")
- Stereotypes Verhalten (z. B. Hängenbleiben an Details)
- Regression (Weinen, Trotzen)
- Depression (Resignation, Traurigkeit, Apathie)

Aggressive Reaktion

- Beschimpfungen, Beleidigungen, Drohungen
- Gleichsetzung der schlechten Nachricht mit dem Überbringer (Früher wurden die Überbringer von schlechten Nachrichten hingerichtet!)

Auf solche Reaktionen antwortet man gerne wieder mit den oben genannten Vermeidungsreaktionen oder mit Gegenaggressionen, also mit unzweckmäßigen Verhaltensweisen. Erfolgreiche Gesprächsführung in solchen Situationen muss mit Frustrationen konstruktiv umgehen können. Dies ist möglich, wenn man ein „Schlechte-Nachricht-Gespräch" bewusst in *vier verschiedene Phasen* gliedert:

- **Nachricht rasch und klar äußern**
  Die schlechte Nachricht ist zu Beginn sehr rasch, klar und eindeutig mitzuteilen und angemessen kurz zu begründen. Zu vermeiden sind also weitschweifige Einleitungen, Andeutungen, Rechtfertigungen, Beschönigungen oder Vorwürfe. Die Frustration kann beim Mitteilen nicht verhindert werden, sie ist eine natürliche

Reaktion auf die Mitteilung! Aus der Forschung weiß man, dass die konstruktive Verarbeitung von Frustrationen mit dem Zulassen von Frustrationen zu tun hat.

- **Zeit lassen für Affekte**
Der Gesprächspartner ist jetzt frustriert und es ist höchst wahrscheinlich, dass sich bei ihm Affekte bilden, welche auch herauskommen. Geben Sie dem Gesprächspartner Zeit, solche Affekte zu haben und auszudrücken. Halten Sie es aus, bewahren Sie dabei aber Ruhe und Distanz. Also nicht auf ihn einreden, zurechtweisen, an die Vernunft appellieren, oberflächlich trösten oder bagatellisieren.

- **Enttäuschung und Gefühle besprechen**
Versuchen Sie, mit dem Betroffenen die Enttäuschung und die aggressiven Gefühle zu besprechen. Zeigen Sie vor allem auch Verständnis für die Reaktion, ohne sich inhaltlich auf eine Argumentation/Disputation einzulassen. Wiederholen Sie allenfalls die Begründung. Ziel dieser Phase ist das Abklingen der Affekte, die Beruhigung und Klärung der Situation.

- **Konstruktive Lösungen suchen**
Wenn die drei ersten Gesprächsphasen gelungen sind, haben Sie die Voraussetzungen dafür geschaffen, dass an konstruktiven Lösungen gearbeitet werden kann. Konstruktive Frustrationen können dadurch anstelle von negativen, kränkenden Frustrationen treten. Erst wenn eine betroffene Person die Möglichkeit hatte, auf schlechte Nachrichten hin auch natürliche Affekte zu zeigen und zu verarbeiten, ist sie überhaupt in der Lage, sachbezogen weiterzudenken.

Oft gelingt es nicht, die beiden letzten Phasen im gleichen Gespräch zu bewältigen. Vereinbaren Sie in diesem Fall einen baldigen neuen Termin. In der vierten Phase geht es ja darum, die Möglichkeiten für die Zukunft zu sehen. Diese werden erst durch ein „Nein" (die „schlechte Nachricht") sichtbar, denn jedes Nein ermöglicht auch Neues. Die neuen Möglichkeiten können sich entweder auf Alternativen beziehen oder auf Lernprozesse wie Einsicht, Selbsterkenntnis, neue Ziele, Vorsätze. Wenn Sie die vier Punkte im Ablauf eines solchen Gespräches beachten, werden Sie zur konstruktiven Bewältigung von Frustrationen beitragen.

Was Sie aus diesem *essential* mitnehmen können

- Der Erfolg der Führungstätigkeit ist aufs Engste mit der Kommunikation verbunden. Dabei spielen Informieren und das Gespräch mit Mitarbeitenden die wichtigste Rolle.
- Mit offenem und ehrlichem Informieren bauen Führungskräfte Vertrauen auf, mit sorgfältig durchgeführten Führungsgesprächen gestalten sie eine tragfähige Beziehung zu Mitarbeitenden.
- Die Kommunikation von Führungskräften ist immer nur so gut, wie sie bei den Mitarbeitenden ankommt und von ihnen verstanden wird. Voraussetzungen dafür sind der Aufbau einer wertschätzenden Beziehung und die Schulung der eigenen Wahrnehmungsfähigkeit.
- Gute Führungsgespräche zeichnen sich dadurch aus, dass sowohl auf die Sachebene als auch auf die Beziehungsebene eingegangen wird. Dies bedeutet, dass man sich vorbereitet, in das Gegenüber hineinversetzt und sich und anderen gestattet, Gefühle zu haben.
- Zuhören können und Zuhören als Gesprächstechnik einsetzen können ist der Schlüssel für erfolgreiche Gesprächsführung. Wenn Führungskräfte solche Kommunikationskompetenzen verbessern wollen, brauchen sie Feedback von ihren Mitarbeitenden.

© Springer Fachmedien Wiesbaden GmbH, ein Teil von Springer Nature 2018
U. Alter, *Grundlagen der Kommunikation für Führungskräfte,* essentials,
https://doi.org/10.1007/978-3-658-21680-1

Literatur

Alter, U., & Duméril, J.-C. (2018). *Informieren als Führungsaufgabe*. In Lippmann, E., Pfister, A., & Jürg, U. (Hrsg.), *Handbuch Angewandte Psychologie für Führungskräfte* (5. Aufl., Kap. 14.1). Berlin: Springer.

Alter, U. (2015). *Verhandeln als Kommunikationskompetenz. Grundlagen für erfolgreiches Verhandeln in Führung, Betrieb und Alltag. Essentials*. Wiesbaden: Springer Fachbuchverlag.

Brenner, D. (2014). *Beurteilungsgespräche souverän führen. Ein Überblick für Führungskräfte. Essentials*. Wiesbaden: Springer Fachbuchverlag.

Birkenbihl, V. F. (2016). *Fragetechniken schnell trainiert. Das Trainingsprogramm für erfolgreiche Gesprächsführung* (21. Aufl.). München: mvg Verlag.

Boneberg, I. (2018). Delegation. In Lippmann, E., Pfister, A., & Jürg, U. (Hrsg.),*Handbuch Angewandte Psychologie für Führungskräfte* (5. Aufl., Kap. 15.5.). Berlin: Springer.

Brunner, A. (2017). *Die Kunst des Fragens. Pocket Power* (5. Aufl.). München: Hanser.

Chopra, D. (2012). *Mit dem Herzen führen. Management und Spiritualität*. Burgrain: Koha.

Fisher, R., & Shapiro, D. (2008). *Erfolgreich verhandeln mit Gefühl und Verstand*. Frankfurt a. M.: Campus.

Fisher, R., Ury, W., & Patton, B. (2015). *Das Harvard-Konzept. Die unschlagbare Methode für gute Verhandlungsergebnisse* (25. Aufl.). Frankfurt a. M.: Campus.

Goleman, D. (2007). *Emotionale Intelligenz* (19. Aufl.). München: Deutscher Taschenbuch Verlag.

Gordon, T. (2005). *Managerkonferenz. Effektives Führungstraining* (19. Aufl.). Hamburg: Hoffmann & Campe.

Kanitz, A. von (2014). *Feedbackgespräche. Taschenguide*. Freiburg: Haufe.

Lippmann, E. (2018). *Gesprächsführung*. In Lippmann, E., Pfister, A., & Jürg, U. (Hrsg.), *Handbuch Angewandte Psychologie für Führungskräfte* (5. Aufl. Kap. 9.3). Berlin: Springer.

Lippmann, E., Pfister, A., & Jürg, U. (2018). *Handbuch Angewandte Psychologie für Führungskräfte. Führungskompetenz und Führungswissen* (5. Aufl.). Berlin: Springer.

Luft, J., & Ingham, H. (1955). *The Johari window, a graphic model for interpersonal relations. Western training laboratory in group development*. Los Angeles: University of California, Extension Office.

© Springer Fachmedien Wiesbaden GmbH, ein Teil von Springer Nature 2018 53
U. Alter, *Grundlagen der Kommunikation für Führungskräfte, essentials*,
https://doi.org/10.1007/978-3-658-21680-1

Schulz von Thun, F., Ruppel, J., & Stratmann, R. (2003). *Miteinander reden: Kommunikationspsychologie für Führungskräfte* (2. Aufl.). Hamburg: Rowolth.
Watzlawick, P., Beavin, J. H., & Jackson, D. D., (1969). *Menschliche Kommunikation. Formen, Störungen, Paradoxien*. Bern: Huber.
Werkmann-Karcher, B. (2018). *Mitarbeitende beurteilen*. In Lippmann, E., Pfister, A., & Jürg, U. (Hrsg.). *Handbuch Angewandte Psychologie für Führungskräfte* (5. Aufl. Kap. 13.3). Berlin: Springer.

Printed in the United States
By Bookmasters